出版人に聞く 15

鈴木書店の成長と衰退

KOIZUMI Koichi

小泉孝一

論創社

鈴木書店の成長と衰退　目次

第Ⅰ部

第Ⅱ部

鈴木書店の成長と衰退

インタビュー・構成　小田光雄

第Ⅰ部

1　前口上

――小泉さん、お久し振りです。この「出版人に聞く」シリーズにぜひ取次の人も加わってほしいと思っていましたところ、小泉さんから出てもいいと即答して頂き、本当にうれしく存じます。

ただ私の場合、鈴木書店との関係は十年ほどであり、鈴木書店の諸事情に精通しておりません。そこで今日は元鈴木書店、現在はＪＲＣ（人文・社会科学書流通センター）の後藤克寛さん、それから「出版人に聞く」シリーズ４『リブロがまだ本屋だったころ』の中村文孝さんに同席をお願いしました。

したがいましてインタビューにおける質問にはお二人の発言も含まれますが、いちいち断りませんので、あらかじめご了承ください。

それはそうと、病気のこともうかがっていましたが、もう大丈夫なんでしょうか。

小泉　大丈夫ですよ、もう元気になったから。病気したこともあるけど、私ももう年だし、鈴木書店のことも話しておきたいと常々考えていたから、ちょうどいいタイミングだった。

――早いもので、鈴木書店が倒産したのが二〇〇一年十二月だったから、すでにちょうど十年が過ぎたことになります。

小泉　そうですか、もう十年になるのか。本当に早いものだね。

――ですから出版業界の中にはもはや鈴木書店という人文書の専門取次が神田にあったことを知らない世代も増えてきていると思います。そこで鈴木書店のプロフィルを説明する代わりに、出版ニュース社の『出版人物事典』における創業者の鈴木真一さんの項を紹介することから始めさせてもらいます。

小泉　私も色んな資料を持ってきているのだが、やはり主人公は創業者の鈴木さんだから、それがいいね。

2　創業者鈴木真一

――ではその部分を読んでみます。

〔鈴木真一　すずき・しんいち〕　一九一一〜一九九五（明治四四〜平成七）鈴木書店創業者。一九二七年（昭和二）栗田書店に入社、四一年（昭和一六）戦時中の出版物一元的配給事業を目的に設立された日本出版配給株式会社に栗田書店も統合、市内書籍出張所配給課長などをつとめる。応召、戦後、復員するが、日配に再雇用されず、やむなく友人と社会科学専門の取次中央図書を起こすが、二年で経営にゆきづまり、四七年（昭和二二）一二月、総勢九名で鈴木書店を創業する。以来、人文・社会科学書の有力出版社の応援を得、有力書店と大学生協などを主体に、注文品の迅速調達をモットーに、堅実・誠実をもって業績を伸ばし、専門取次として二大取次のシェア争いの中で、中小取次のリーダー的存在に成長させた。

小泉さんの知っている限りでかまいませんが、戦前の鈴木さんのことからお話し頂けませんか。

小泉　戦前のことは私もあんまり詳しくないけれど、とにかく昭和二年に栗田書店に入った。栗田書店は栗田確也が大正七年に創業した取次で、今の栗田出版販売の前身です。栗田は岐阜の出身だし、鈴木さんは三河だから、おそらく地縁もあって、栗田に入ったんじゃないかな。

栗田は雑誌を扱う当時の東京堂や北隆館などの大取次とちがって、都内の書店の書籍の小取次としてスタートとした。それで岩波茂雄に目をかけられ、岩波書店の出版物を扱うことで、次第に成長していった。

3　栗田書店のDNA

――栗田の創業時の話を彼の自伝『私の人生』（栗田書店、昭和四十三年）の中で読んだことがあります。大正時代の小取次のありのままの姿が描かれていて、とても印象的なエピソードが書かれていた。

栗田と結婚したばかりの奥さんの二人で小取次を始めるわけなんですが、朝五時に店を開けていた。それだけでなく、奥さんが大鍋に味噌汁を大量につくり、朝からやってくる取引先の出版社、取次、書店の小僧さんたちにふるまう。寒い朝なんかには何よりのもてなしになるし、業界の人たちも自ずから集まってくる。そこで情報交換をして、一日の仕事の目安というか、段取りに役立てる。そして大取次とは異なる隙間をねらうかたち、小回りのきく営業スタイルで成長していったと書かれていた。

小泉　そういった栗田のＤＮＡというものは鈴木さんにも確実に受け継がれていたね。鈴木さんが栗田に入ったのは昭和二年で岩波文庫の創刊年だったから、栗田と岩波書店の関係もまたそのまま鈴木書店にも引き継がれたともいえる。その当時のことを聞いたことがあったけど、栗田と岩波の連携はすごいもので、栗田の店先には岩波文庫の旗がずらりと並び、みんながその半てんを着て、販売促進に一丸となって励んだそうだ。両社の仲たるや戦後の鈴木書店と岩波の比ではなかったらしい。それと栗田の取次としての特色は当時の岩波書店を始めとする左翼系の出版物を進んで取り扱うことにあった。

――　でもそこら辺の話を聞いているのも小泉さんの世代が最後で、戦前の取次のことになると、ほとんど生き証人は残っていない状況ですよね。

それとこれはかつて小泉さんからうかがったと思うんですが、戦前の取次同士というのはあまり親しくなってはいけない雰囲気があったと。

小泉　私も鈴木書店に入ったのは戦後だから、戦前の取次を体験しているわけではないけれど、そういう雰囲気が商売道徳みたいに残っていた感じがあった。やっぱり取次によって出版社や書店の異なる正味問題というのがつきまとっていたからだろうね。

――栗田に入った鈴木真一さんの戦前の軌跡は紹介したとおりで、昭和二十二年に鈴木書店を創業する。小泉さんの入社はその翌年ですが、そこに至る経緯と事情はどんなものだったんでしょうか。

4　銀座の銀一堂

小泉　戦争が終わって、私は旧制中学の二年だった。戦後の混乱と家庭の事情もあって、もう学校や勉強を続けられる状況になかった。それでどこか働き口を探していたわけです。そうしたらうちの伯父さんというのが三越の書籍部も担当する幹部だった。それで自分が支配人で、本屋を始めるという。今では支配人という役職はほとんどなくなってしまったと思うけれど、取締役営業部長みたいな感じかな。

――戦後でも地方書店の場合、支配人職はずっと続けていたところも多かったから、それは何となくわかります。店長よりも上にいる感じでしたね。

小泉　こちらは遊んでいたから、それを聞いて訪ねていった。京橋と銀座の教文館の間に銀座一丁目がある。その大通りの裏に本屋を出した。教文館だけではもったいない場所というのがその出店理由だった。

経営者は大日本図書にいた大橋達雄で、博文館の大橋新太郎の息子だった。戦前は東京堂と日配の実力者でもあった。それから金を出しているスポンサーは佐久間長吉郎といって、大日本印刷と大日本図書の社長だった。それにうちの伯父さんが支配人として加わっていた。

――すごいメンバーですね。その頃大橋と佐久間はまだ日配の役員のはずで、佐久間は後に中央社の社長になっている。

小泉 そこにアルバイトにいき始めた。もちろんそれは後で気づいたことだけど、すごい取引状況だった。だって岩波書店や中央公論社といった大どころが全部直接取引で、書籍は取次が入っていなかった。

――その店はどんな名前なんですか。

小泉 銀一堂っていうの、銀座一丁目にあるから銀一堂というわけ。

私の仕事の日課は朝から日配へいって、雑誌をもらってくることから始まる。当時のことだから、せいぜい一個口くらいしかないのだけど、いくと銀一堂分ができていた。それと週一回は丸ビルの中にあった中央公論社にも通った。こちらもいくと、銀一堂用に売れ線の書籍が用意されていて、それをもらってきた。
――その他の出版社も直接取引だったわけですね。

5 戦後の雑誌状況

小泉 そう、改造社、鎌倉書房、創元社などもよく売れていたから、仕入れにいった。今になってわかるけど、大橋や佐久間の顔で、そうした取引ができていた。
――戦後は『新生』創刊号をめぐる騒ぎが有名ですが、書店による雑誌の奪い合いのような状態だったとも聞いています。そこら辺はどうだったんでしょうか。
小泉 それはすごかったね。特に『世界』とか『リーダーズ・ダイジェスト』は店に出せないほどだった。予約の部数を確保するだけでも大変で、店売分にはとても回らない。『世界』なんかはそれでも五十部は入ってきたけど、とても店に出せる部数ではない。『文藝春秋』もそうだった。もちろん土地柄というのもあってのことだが、『世界』『文藝春秋』『リーダーズ・ダイジェスト』を読む客層が多かった。店の周囲の大会社の重役連中はほとんどが予約講読者で、社員もそれを見倣ってか、よく買いにきた。ところが『リーダーズ・ダイジェスト』ぐらいしか店に出す分がなくて、どうしてないんだと文句をいわれた。

それからさすがに銀座だなと思ったのは、会社の社長や重役たちが毎日のようにきて本を買っていくことで、それはミステリーから難しい本に至るまで色々で、その中には毎日五冊ぐらい買う人もいた。それで本屋は面白いものだと初めて知った。

――やっぱり戦後の始まりというのは雑誌や書籍に関する飢餓状況みたいなのがあって、これは全国的な現象だったんでしょうね。

小泉 まさにそうだったと思うし、あれは体験してみないとちょっとわからないんじゃないかな。とにかく雑誌や書籍に飢えていた数年間というものが確実にあって、それが書店だけでなく、取次や出版社にも直接伝わっていた。

――それと文化国家、文化社会の確立というのがスローガンだったから、文学、美術、音楽といったものに対する一種独特な思い入れも生じ、それらが出版物に投影された側面も大きい。戦争の時代から文化の時代への転換期だったし、出版は自由と多様な価値観の象徴でもあった。もちろん私は小泉さんとちがって体験した世代ではないけれど、戦後すぐの映画なんかを観ていて、それらを否応なく感じます。

小泉　もう戦争はこりごりだという思いが強くあったからね。いやにもなっていたし、疲れ果ててもいた。私なんかもまだ十代の半ばにも充たなかったけど、戦争が終わったことは喜びだった。明日からは戦争がないというのを本当に実感として味わった。世の中がまさに明るくなった。

6　銀座の書店事情

――それから文化の時代がくるわけですが、小泉さんはその時代を銀座という東京の真ん中で体験したことになる。今でいうと銀一堂は銀座のどこにあったのですか。

小泉　かつての実業之日本社のある昭和通りをずっと歩いていくと、銀座通りに出る。それを渡ってすぐひとつ目を左に少し入ったところで、三原橋の改造社に近かったことを覚えている。

――銀一堂はいつまで続いたのですか。

小泉　いつまでやっていたのか、それはちょっと記憶にないな。でも昭和三十年までは続かなかったと思う。

私が鈴木書店に入ってから十年ほど経った頃に、銀一堂の上司だった人が慶應通信の広告とりをやっていて、出版社を紹介してくれないかと訪ねてきたことがあった。それがきっかけとなって、虎ノ門の中華料理屋で銀一堂にいた人たちと集まったことがあった。でもその時はみんな辞めていたから、店もすでになくなっていたんじゃないかな。

つぶれたとかそういうことではなくて、戦後のあの一帯の開発と絡んでいるはずです。調べればわかるけど、私が銀一堂を辞めて四、五年後のことだったような気がする。

―― 教文館とか近藤書店はそのまま残り、銀座の書店として、名を知られていくことになった。

小泉 銀一堂は引っこんだ場所にあったから日商三、四万円だったけど、教文館や近藤書店は数十万円もの売上があるといわれていたから、すごい勢いと風格が備わっていた。それから住所は京橋になるけど、少しいったところに自由国民社が経営している書店があった。そこに独禁法関連の法律書を仕入れにいったりもした。

―― まさかその名前が季節風書店ということはないでしょうね。自由国民社はその社名で、エロ雑誌の『100万人のよる』を出していた。

小泉 そうそう、しばらく後になるけど、確かにそうだった。でも仕入れにいったところは季節風書店という店名ではなかった。

7 鈴木書店入社

―― それらの銀座の書店事情はともかく、小泉さんが鈴木書店に入られたのはどういう経緯なんでしょうか。

小泉 銀一堂が鈴木書店と取引していたことがきっかけです。岩波の『世界』は鈴木書店が持ってきていた。その若い担当者と親しくなり、書店の場合はどうしても商圏が限られているから、若い人たちがいて、幅広く本の仕事ができるところはないだろうかと相談したら、それなら鈴木書店に来いよということになった。

銀一堂の場合、上司のことは話したけど、それ以外は女の子が五、六人で、男は一人だけ、つまり私だけだったから、退屈なところもあった。だからそんな話を持ちかけたんだと思う。

―― そうすると、小泉さんは銀一堂にアルバイトみたいなかたちでいた時に、鈴木書店に引き抜かれたということになりますか。

小泉　いや、話を聞いて、こちらのほうが移ることに頭が向いてしまい、私のほうからお願いするようなかたちになったから、引き抜かれたということにはならないね。
それにまだ鈴木書店もスタートして一年も経っていなかったし、十人ぐらいの規模だった。

――じゃあ、まだ立ち上げたばかりの昭和二十三年頃ですね。
その翌年の二十四年に戦前の一元取次の日配がＧＨＱにより閉鎖機関に指定され、出版業界に大きな衝撃を与え、新しい取次が次々に創立される。これが現在のトーハン、日販、日教販、中央社、大阪屋といった現在の大取次の始まりで、それらとパラレルに鈴木書店などの専門小取次も所謂神田村に簇生していった。小泉さんはその時代を身をもって体験していた。

小泉　でも鈴木書店前史というのは後で聞いて、知っているだけですよ。
これは先ほどの鈴木真一さんの紹介にもあったけれど、戦前に栗田書店も日配に統合され、そこで栗田確也は常務取締役、鈴木真一は配給課長などを務めた。それで応召され、復員したが、日配に再雇用されなかったので、取次の中央図書を起こし、それが二年でつぶれてしまい、鈴木書店を創業に至るとなっている。しかし復員してからのこの二年の間に色々とあったようです。
まずは栗田との関係で、栗田書店はやはり昭和二十一年にすでに再開していたから、栗田確也は鈴木さんに戻ってきてほしかった。ところが中央図書、鈴木書店と続けて立ち上げてしまい、しかも取引先の出版社はダブっているわけだから、栗田の親父に悪いと思っていたんじゃないかな。

――それは大いに考えられますね。この人も幸いにして『出版人物事典』に立項されていますが、栗田出版販売（昭和四十九年に栗田書店から改称）の二代目社長を務めた伊東新太郎と話したことがあった。そうしたら彼は自分と鈴木さんが同じように日配にもいき、栗田の兄弟弟子だみたいなことをいっていた。だから栗田としては鈴木さんにも戻ってもらって、栗田、伊東、鈴木の三頭体制による戦後の栗田経営を考えていたんじゃないかな。

小泉　まさにそうだろうと思う。鈴木さんは栗田確也に気後れするようなところがあって、あまり栗田の話はしたがらなかったし、独立をめぐる栗田との関係は私たちにほとんどしゃべらなかった。
今の話で思い浮かんだけど、栗田は後継ぎを鈴木さんだと考えていたのかもしれない。ところが逃げられたので、伊東さんが引き受けることになった。そんな含みもあって、栗田に悪いと思っていた。私たちに栗田にいって勉強してこいとよくいったのは、自分の代わりにいってこいということだったと今になって思う。

――そういう鈴木さんのメンタリティというのは晩年になっても何となく感じましたね。またそれが良きにつけ悪しきにつけ、鈴木書店の体質でもあった。

8　鈴木書店と岩波書店

小泉　それは鈴木書店の始まりから終わりまで変わることがなかった体質だった。だからこそ鈴木書店が創業できたということもある。

これも後で聞いた話だけれども、創業の際に岩波書店の営業のものすごいバックアップがあったようです。岩波の営業部長だった渡部良吉さんという人がいて、その後早稲田大学出版部の役員になった人ですが、鈴木さんの応援の先頭に立った。つまりまだつぶれていないにしても中央図書のことを引きずりながら、鈴木書店を立ち上げている。だから鈴木書店が独立したのは認めても、すぐに取引を始めるのは筋が通らないと、岩波の上のほうが認めてくれない。

そこで渡部さんを始めとする岩波の営業七人組がどうしても鈴木を応援すると決意し、秘密裡に取引を始めた。もしばれたらクビだし、腹切りものだとわかっていたが、それでも鈴木応援体制を組んでくれた。

――日販の立ち上がりの際にも七人組による血判の誓いという有名なエピソードがありますが、鈴木書店の場合にも外部の七人組の支援が強力に存在した。

小泉　そういうことだね。ただ鈴木さんは彼らに迷惑をかけてはいけないので、さんざん辞退したようだけれど、押し切られ、厚意を甘んじて受けることにした。だから最初の一年ぐらいは鈴木書店がつぶれたら大変なことになるので、毎日のように、どうだ今日の営業成績はという電話が入ってきたらしい。

その一方で中央図書のほうは倒れてしまう。それは岩波の本が入荷しなくなったこと、その代わりに鈴木書店に取引先が変わったことなどが挙げられるわけです。

このエピソードひとつとっても、鈴木さんの個人的人望、今でいったらカリスマ性というのがわかるし、どうしても応援したくなるような人柄の持ち主だったことがわかる。これは本当に今だからいえる話で、あの岩波書店の厳しい管理のところで、そのような独断的支援体制を組むのはクビ切りものなのは確実でしたから。

――小泉さんはその七人を知っているのですか。

小泉　もちろん知っている。鈴木さんはそういった話を我々にしないから、当事者の話を聞いて初めてそうだったのかと思ったわけですよ。

その七人の何人かとそうとは知らずにずっとつき合ってきた。そうしたら、ある時になって、俺たちは鈴木を応援するためにクビを覚悟でやったんだという話をしてくれた。もう時効だからと思ったんじゃないかな。それを帰ってから鈴木さんに話したら、誰から聞いたんだといわれた。

――戦後を迎え、日配の一元配給体制は続いていたにしても、ＧＨＱの閉鎖指定時の取引シェアは六〇％だったといいますから、出版社も書店もそれ以外の四〇％の取引ルート、つまり日配以外の小取次の利用、出版社と書店の直取引によって流通がまかなわれていたことになる。それは銀一堂や鈴木書店の話からも推測されるし、私たちが想像する以上に混沌としていたんでしょうね。

9　戦後の出版社状況

小泉　それを象徴するのは取次や書店よりも出版社だった。戦後は出せば何でも売れたから、出版社が雨後の筍のようにできて、三五〇〇社近くに及んだのが、数年のうちに一五〇〇社ぐらいがつぶれてしまった。

だから当時の出版社は水商売以下だと見なされ、銀行も金を貸してくれなかった。当たるか当たらないか、これほどわからない商売はないというわけで。そのために出版社は儲かったら不動産を買えということで、土地を買い、それを担保にして金を借りるしかなかった。

——それは今でも変わらないし、実質的に出版社というよりも不動産管理会社というところもかなりあるわけだから。

小泉　戦後の混乱とそういった出版状況だから、小取次はまた一方で様々なブローカー的仕事もやらなければならなかったと思うよ。

例えば、出版社のために紙の調達をやっていた。とにかく紙が不足していたから思うように本や雑誌もつくれない、何よりも紙の調達だという時代も何年か続いた。当然のことながら、ヤミの紙に手を出すしかないから、やばい仕事だったんじゃないかな。でも出版社を助けるためには仕方がなかった。

でもヤミの紙の調達だけで終わらず、その紙でつくった本を率先して売ることまで面倒を見た。

——それはどういうことですか。

10 高額商品の仕入れ

小泉 私もそれらの事情に通じたのはかなり後のことになるけど、鈴木書店に入ったばかりの頃、リヤカーを自転車につなぎ、ちょっと日本橋までいくので一緒に来てくれといわれた。

その日本橋の出版社名は伏せるが、当時そこから出版年鑑のように厚い電子工学の辞典が出ていた。それを三百部仕入れるわけです。一回では積めないから行って帰って、また来る。何度も往復する。かなりあれは大変だった。

―― リヤカーには何冊ぐらい乗るんですか。

小泉 慣れてくれば、百五十冊ぐらいは乗せられる。でも五百部の時もあったから、神田と日本橋の往復は新米の身にはこたえたね。

―― それはどうするんですか。

小泉 とりあえずは店売に持ってくるわけだけど、それほど時間をかけずに完売してしまう。出版社は高額商品が大量にさばけるわけだから、とても喜んだし、鈴木さんはそういう売り方が得意だった。

鈴木さんの頭の中には目玉となる高額商品の出版社在庫と書店の棚の在庫状況が全部頭の中に入っていた。だから両者の在庫の均衡を測りながら、グッドタイミングで買い出しを図る。すると書店が店売に買いにくるし、毎日いく取引先の書店にも切れていたりして在庫補充ができるので、ほどなく売り切ってしまうことになる。

―― なるほど、栗田確也以来のセドリの伝統が鈴木さんにきっちり引き継がれていたわけですね。

小泉 いや、それは鈴木書店ばかりでなく、神田村の専門取次の当時の売りだったから。栗田だってそうだった。あそこの店売には山田さんというお爺さんがいて、何でも知っている生き字引のような人だった。いつだって岩波新書が全点揃っていた。そればかりか、どんな本を聞いても、それは今品切だが、いつ再版ができるとか、立ちどころに返事が戻ってきた。すごい人がいるものだと思ったし、鈴木さんからも山田のお爺さんのような取次の店売のプロになれといわれた。

ただ山田さんは評判が悪いところもあった。それは常に売れる本を握っていたんだけど、仕入れにくる人の顔を見て、下から出すんだ。それも一部とか二部とか小出しでね。それを見て、別の人が自分もほしいというと、もうありませんとかとぼけてしまう。これが評判が悪かった。

こうしたお得意先をまずひいきにする店売の方針は栗田の特色ではあったし、山田さんだけを責められるものでもない。でも鈴木さんはそこまで店売で露骨にやることは気をつけたほうがいいといっていた。

――それはそうですよね。そんなに差別をしていたら、店売の客は増えない。

11　戦後の神田村小取次

小泉　ましてそれが戦前のような安定した市場であればともかく、戦後の混乱の中だから、取次の店売売上比率も高く、しかも現金買いの日銭になったので、取次だって店売競争もあり、殿様商売みたいなことはしてられなかった。特に神田村小取次は全国から仕入れにくる客たちで引きも切らなかった。

でも当時はまだ戦前の流れもあって、そうした傾向が激しかった。

――その山田さんのような仕入れのプロはどの取次にもいたという話を、昔はよく聞かされました。それにかつては東、日販でもその倉庫の主みたいな人がいて、どこに何があるのかをコンピュータ顔負けに知っていた。だから仕入れにきたこれも書店のプロはその人に情報をもらい、いち早くおいしいところをごそっと持っていってしまう。

それがさすがに目立ってしまい、東、日販でも問題になったらしい。別に黙って持っていくわけではないし、伝票を切っての上の話ではあるけれど。

小泉　売れている本をめぐっては取次は取次で色んな話があるよ。取次のある番線宛に出版社から千部届いた。ところが上の階にあるそこに届いたのは三百部しかなかった。つまり七百部は色んなところで抜かれてしまったことになる。

――そんな時代も確かにありましたね。そういったことができて、それを得意先の書店に流すことが取次の担当者の腕の見せどころだった。

小泉 鈴木書店だって、やっぱり売れている本は担当者が自分の机の下やロッカーの中に隠しておいた。岩波の本のことをいえば、店売の岩波コーナーの一番上の階にカーテンの閉まった部屋があり、そこには全部品切本があった。それを得意先の書店からの特別注文に応じて抜いて納品していた。取次の人間はそうやって書店との親密なコネクションをつくっていったわけです。

鈴木真一さんはそのバランス感覚がずば抜けていた。出版社と書店の双方に対してね。

――それが栗田確也以来の書籍取次の伝統でもあった。おそらく雑誌をメインとする大取次の場合、雑誌は定期的に刊行されるのでルーティンワークの精密度が問題となるが、書籍はそうではなく、個々の対応を迫られるから、大取次と異なるそれなりのスキルが要求される。鈴木さんはそれをよくわきまえていた。

小泉 さらにいえば、あの人の人柄とか人格でしょう。鈴木書店を始めた信念を聞いたことがあるけど、それはなかなかいえるもんじゃないと思うくらい迫力があった。人間というものはやっぱり学問をしなければいけない。だからそれに関わる本、ちゃんとした出版社、良心的な出版社の本を普及させなければならない、売らなきゃだめだと。それが俺の仕事なんだという強い信念があった。その信念からくる迫力が鈴木さんに備わっていたし、他の人に比べて突出していた。

――それが鈴木書店のコアであり、小泉さんたちも鈴木さんの大きな影響下に取次の仕事を始めたわけですね。

小泉　本当にそうだよ。さっきのリヤカーでの仕入れの話じゃないけど、鈴木さんの仕入れや売り方を見ならって、取次の仕事というものを覚えていったことになる。

――そのリヤカーでの電子工学の辞典の仕入れの話を聞いて思い出したんですが、小泉さんたちが鈴木さんを範として取次の仕事を覚えていったように、鈴木さんもまた栗田のＤＮＡを受け継ぎ、取次人生を送ってきたことがわかる。

これは出版史ではあまり語られていないけど、同文館というのは辞典の出版社として大きな業績を残した出版社で、七大辞書を出す。これらの事情と詳細は『風雪八十年同文館創業八十年史』にゆずりますが、そこには栗田も寄稿している。同文館の初期の辞典時代に栗田はそれらの辞典類を手広く引き受け、それで儲けて栗田書店のベースを築く。高額商品で、一度に百部単位で仕入れるから、当然正味も安くなるし、出版社や取次にとっても、双方にメリットがあった。

だから鈴木さんもそういった商品を絶対に外すことがなかったし、絶えずアンテナを張っていたんでしょうね。それに紙の問題もあるから、重版も容易ではないし、部数を押さえる時期を読むこともできた。

小泉　それと取次の経営の安定には雑誌の次に辞典類が挙げられる。それは出版社もしかりで、同文館の話じゃないけど、老舗はみんな辞典を持っている。だから鈴木さんは経営の安定のために辞典類に絶えず目を向けていたことになるのだろうね。

第Ⅱ部

12　鈴木書店の創業期メンバー

――そういった鈴木書店の仕入れも含んだ経営的な側面は後でうかがうことにして、創業期の主宰メンバーについてもふれてもらえませんか。「昭和二十七年の鈴木書店五周年」の写真をお持ち頂いたので……。

小泉　これは鈴木書店の初期のメンバーの貴重な集合写真で、掲載することを、鈴木さんも草葉の陰で喜んでくれると思う。

――それでは小泉さん、まずはこの写真からお願いします。私が知っているのは小泉さん（中列・左より三人目）の他には鈴木社長（前列中央）、宮川良二（中列・左より四人目）さんだけですね。

小泉　鈴木社長の両隣に座っている三森武男さん（左）と鳥飼正二（右）さんが鈴木書店の創業期のトリオだった。

この太ったほうの三森さんから始めると、鈴木さんの営業関係の片腕だった。特に岩波書店は専従担当者だった。ただ酒が好きで、それでよく失敗もしていた。私もよく誘われ

昭和二十七年十二月五日　五周年記念祝賀会式場（カメラ会館）にて

たけど、新宿の紀伊國屋の近くに国際会館という建物の中にキャバレーみたいなのがあって、出版社の人たちといつもいっていた。

――どういう経緯で三森さんは鈴木書店に入ったんですか。

小泉　三森さんの父親は小田急の重役で、その関係から小田急系列のそれなりのところに勤めていたはずです。ところがある日、映画館の神田日活館にいった。そこで映画を観て、その休憩時間に新聞を見ていたら、栗田書店の社員募集が出ていた。それで映画館を途中で飛び出し、栗田にいった。当時は神田日活館と栗田は目と鼻の先にあったから。

三森さんが募集を見てきたといった時、それに対応したのが鈴木さんだったらしいんだ。それで鈴木さんはモノになりそうな奴がきたと思い、色々と話をした。それでオートバイに乗れるかという話になり、三森さんはハーレーダビッドソンにも乗っていると答えたことから、それなら明日から来いということになった。そこからずっと鈴木さんの側にいて、独立した時にもそのままついてきたことになるのかな。

――三森さんは父親が小田急の重役だとすると、鈴木書店に多少なりともお金を出していたんですか。

小泉　いや、それはなかったと思う。その方面は鳥飼さんという人がきちんと管理していて、専務の立場から資本関係も混在しないようにしていたから。

――出版社の出資と鈴木書店の社員の出資の混同を避けたんでしょうか。

小泉　おそらくそうだと思う。鳥飼さんは後に経理専門になるわけだけど、岩波書店の人たちが鈴木さんの女房役に鳥飼さんを配置した感もあった。

鈴木さんというのは積極的な仕入れに象徴されているように、いけいけどんどんという商売タイプだったから、出版社の人たちは失敗した中央図書の例を見ているので、心配して女房役が必要だと考え、鳥飼さんにその役目を果たすように説得した。そんなわけで、鈴木書店の三本柱が揃った。

私が鈴木書店に入って、一年目に鈴木さんの家で新年会があった。それは小さな長屋で、裏を見たら屋根がつながっていて、そこに鳥飼さんも住んでいた。確か三森さんも鈴木さんの家に住んでいたことがあるはずだから、個人的にもそういう仲だった。

だから最初の十年は個人的にも意を通じた親友というか、理念を同じくするというか、そんな親しい関係で、鈴木書店の運営に携わってきたことになる。それでも性格も異なるから、後年になると色々なことが出てくるのは仕方がないことだったと思うけど、とにかく最初はこの三人が一緒になって力を合わせ、鈴木書店のベースを築いたことは間違いない。

13　鈴木書店の金融事情

——その鳥飼さんが経理部門を一手に引き受けていたわけですね。

小泉　これは当時の金融事情に密接に絡んでいたはずで、その関係から鳥飼さんはどうやって取次は稼ぐかということを絶えず考えていた。

——それを具体的にいいますと。

小泉　当時の出版社はとにかく金がないことに尽きるわけです。だから出版社は金をつくるために鈴木書店に三、四ヵ月の約束手形を持ってきて、それを割引いてもらっていた。それで口銭をもらうという手形金融を、鳥飼さんは手がけていた。そのこともあって、鳥飼さんのところにはいつも出版社の幹部がきていた。

もちろん現金を貸しつけることもあったらしく、返しにくるのも目にしたことがある。とにかくそんなかたちの人の出入りが激しかった。こちらはそんな事情はまだわからないから、何をやっているのかなと思っていた。

鳥飼さんだって、そういうことに精通していたわけではないけれど、必要に迫られ、学んでいったんだろうね。最初の五年ぐらいは金がないのに始めたこともあって、やはり資金繰りは大変で、苦労したんじゃないかな。鈴木さんは現金仕入れ、現金販売ということでがんがんやっていたが、後で支払う段になると足りないことは日常茶飯事だった。岩波なんかは週払いすなわち月四回払いだったし。月二回払いになったのはかなり後だった。

――あの神田の鈴木書店の土地と建物もそうした金融上の事情と絡んでいるとか仄聞していますが。

小泉　すごく簡略に話すと、鈴木書店が借りていた建物の一部に彰考書院が入っていた。

―― 彰考書院とは懐しい。三島由紀夫の序文のある澁澤龍彦訳の『マルキ・ド・サド選集』を出したところですね。

小泉 そう、その彰考書院が債権法の雑誌を出して、一時期はよく売れた。ところが後が続かず、金に困って鈴木書店に借りにきた。その時に貸した金が大きかったこともあって、彰考書院名義部分の土地建物を一応担保に入れてもらった。

ところが結局のところ、彰考書院はその借金を返せなかった。それで代物弁済というかたちで、土地建物の名義が鈴木書店に移った。それも鳥飼さんが全部仕切ってやったんです。

ただ問題なのはこの建物の中の部屋をいくつかの出版社が借りていたことで、すぐに出ていってくれなくて、後々まで問題になった。最後まで残っていたのがくろしお出版だった。それはともかく、最初は二十四坪ぐらいから始めて、そんな代物弁済や近隣の土地を買収したりして、二十年ぐらいの間にあの倒産までの鈴木書店のかたちとスペースになっていったわけです。

―― それでああいった変則的な建物配置となったんですね。でも数年間はそれだけ拡張できたことになるから、鈴木書店としても儲かり、倍々ゲームのように売上も伸びていったことを示している。

14　出せば飛ぶように売れた時代

小泉　こうやって話をしていてだんだん思い出してきたけれど、戦後のあの時期は本当に本がよく売れた。一方には戦争があって本が少なくなっていたこと、読みたい本が出されていなかったことなどがあったにしても、日本人の活字に対する欲望がこんなに強いものかと実感するほどだった。カストリ雑誌から堅い本まで、出せば飛ぶように売れていった。今思うと夢のような気がする。

――当時の出版社の記憶で印象的なのはどこですか。

小泉　鈴木書店の性格からいって、社会科学書系、左翼系の出版社とは全部取引があったし、鈴木さんの目利きもあって、その分野の本は独壇場のようなところがあった。日配にはもはや目利きはいなかったしね。児童書に転換する前の理論社や岩崎書店も本来はそういう出版社だった。

――そうですよね、理論社には後のリブロの小川道明、現代思潮社の石井恭二などもいた。

小泉　それから今は文庫がどの出版社からも出され、ブックオフで百円で売られているように完全に消費財みたいになってしまったが、当時の文庫はとても貴重なもので、在庫を確保するのに大変な思いをした。

鈴木さんに勉強になるからといわれて、神田の三省堂や東京堂を担当することになり、特に文庫には苦労した。岩波文庫の発売日になると、店の前に学生が並んで待っている。ところが十人も並んでいるのに五冊しか持っていけない。足りないじゃないか、駄目だよお前、しょうがないなと怒られたりした。それはどうしてかというと、岩波には毎日仕入れにいっていたんだけど、完全指定配本というか、向こうで数を割り当ててくるからなんだ。それも売れない本と抱き合わせで。

そんな文庫状況の中で、角川文庫が創刊された。しかも岩波文庫より定価を少し安く設定したので、よく売れた。一緒に並べて売ると岩波文庫がたじたじだった時期もある。

――角川文庫のセレクションは第一書房の長谷川巳之吉が顧問のようなかたちで絡んでいたから、それなりに面白いものも多かったことも起因しているのでしょうね。

そのような仕入れをめぐる取次と書店の攻防が加熱する一方で、両者の支払いの関係はどうだったんでしょうか。出版社と取次間の話は出ても、こちらはなかなか俎上にのぼりませんから。

小泉　これははっきりいって金払いが悪くて悩みの種だった。三省堂、東京堂、紀伊國屋、丸善、みんな例外ではなかった。

担当としては売れ線の本を押さえれば、ぜひとも入れてやりたいと思うんだが、金払いのことを考えると、どうしても希望部数は持っていけなくて、支払い状況に応じてふりわけたこともあったりした。

15　取次における流通と金融のバランス

――そんなに金払いが悪かったんですか。今になって考えれば、当時から書店は儲からず、金がうまく回っていなかった。

小泉　どこもいい本は売れるのだが、掛け売りが多かったことも原因だった。それにつけで買って、なかなか払わない客が多いという話もよく聞かされた。それがいくらか改善されるようになっていくのはやはり高度成長期に入ってからだと思いますよ。

―― まあ、金融のことは現在でも出版業界の根幹の問題であり続けているわけですが、当時のことで、ひとつだけ付け加えておくと、日配が解散指定されると、書店の送金がたちまち減って、それが日配の終焉を早めたともいわれています。

小泉 取次における流通と金融のバランスはとても難しく、そこに鳥飼さんの苦労と功績があったんだと思う。やっぱり私たちは流通担当だったから、頭でわかっていたところが多いので、出版金融の複雑さの一端しか知らないいんじゃないかな。後に少しは学ぶことになるにしても。

―― 堅い本の状況は何となく想像できるんですが、鈴木書店の場合、カストリ雑誌やエロ雑誌、あるいはそれに類する所謂軟かい本はまったく扱わなかったんですか。

小泉 扱ったこともありますよ。戦後のそういった時代だし、鈴木さんの人柄もあるから、取引を持ちこまれたことも多々ある。その中に久保書店があり、『あまとりあ』という月刊誌を頼まれた。

それで店売に置いておいたんだが、たまたま『世界』の横に並べてしまった。そうしたら先ほど話した岩波の渡部さんから鈴木さんが呼び出され、『あまとりあ』なんて雑誌を置かなければやっていけないのかと文句をいわれた。私が勝手にやったことで、鈴木さんは知らなかったからびっくりしてしまい、後で怒られた。こんなものを扱ったら、鈴木書店は駄目になると。

―― それはすごく象徴的なエピソードですね。実はずっと久保書店の『あまとりあ』や『裏窓』のことを調べていて、『あまとりあ』のほぼ全冊を持っています。すると面白いのはそこに現在に至るエロ雑誌、ＳＭ雑誌、様々なサブカルチャー雑誌などの人脈が出揃っていることで、高橋鉄の本がベストセラーになったことを記念して、あまとりあ記念云々という幕をつけたバス一台を貸し切り、伊豆旅行にいっている。そのメンバーが六十人いて、これからのアンダーグラウンド的な出版界を担う人々がオールスターで顔を揃えていたようなんです。その周辺から片岡義男や小鷹信光も出ているし、とても興味深い。（飯田豊一『「奇譚クラブ」から「裏窓」へ』出版人に聞くシリーズ12参照）

小泉　『あまとりあ』の社長には会ったことがあるが、印刷屋を兼ねていて、社会科学書系の出版社の社長とは異なるユニークな服装をしていて、ひときわ目立つ存在だったね。

それに渡部さんや鈴木さんには怒られたけど、仕入れにきた書店の人たちや出版社の営業は喜んだ。つまりそういうエロ雑誌に対するすごい需用もあったことの証明になる。また社会科学書などを出している出版社にしても、統制外の仙花紙を使ったカストリエロ雑誌を出せることをうらやましがっていた。仙花紙は統制外だったので、自由に入手できたから。

16 大学生協のこと

―― 私の考えでは仙花紙のエロ雑誌の流れが同じく似たような紙を使ったコミック雑誌や貸本を生み出していったんじゃないか。それと様々な出版社がダミーを設立し、多くのカストリエロ雑誌の刊行したと見ています。

それらはともかく、次に大学生協のこともうかがいたいと思います。

小泉 これも経営的なことからではなく、鈴木さんの教育者的な信念から始まっている。やっぱり学生は本を読まなきゃいけないというところから大学生協との話も同様なんです。関わった最初の頃の大学生協というのは十坪ぐらいで、主として牛乳とパンを売っていて、本棚なんかはなかった。でも学生はいっぱいいて、教科書などは大学の前の書店で買っていたわけですよ。あるいはまた大学によっては書店の中の場所を借り、教科書や辞書を売っていた。それは結構な商売になっていた。

それに生協も目をつけ、学生も組合員だから一割引だということで、教科書を売り始めた。東、日販はとても相手にしてくれないから、最初は鍬谷書店、西村書店、明文図書との現金取引だった。そのうちに理工系が西村書店、人文系が鈴木書店という指定取引になった。

――それは初めて聞きましたが、そういう始まりだったんですか。

小泉　そうなんだ。ところが理工系は少ないから西村書店の場合、それほど規模を広げる必要はなかったと思うけど、人文系、社会科学系は圧倒的に学生数が多いから、鈴木書店の場合は取引量が圧倒的に膨らんでしまった。

おまけにシーズン商品だからとにかく間に合わせて納品することが至上命令になっている。教科書と辞典に加えて、教科書指定の単行本なども注文が入ってくる。鈴木書店と取引のない出版社も多かった。例を挙げれば、研究社も旺文社も取引がなかった。

それでどうしたかというと、鈴木さんの出番になるわけなんです。鈴木さんは日配時代の関係から、東販にかなり仲間がいた。今度大学生協と取引することになったから、仲間口座で鈴木書店と取引のない出版社の商品を調達してほしいと頼んだ。こうした経緯でその手の商品はどんどん東販回しで手配することに落ち着いた。しかし伝票を集計し、請求書を出す段になって、東販は大学生協がこんなに売れるのかと驚いてしまった。鈴木書店は宝の山を掘り当てたと思ったんじゃないのかな。ところが従来の大学前の書店の手前があって、東販は手が出せない。よだれをたらしながらずっと見ているしかなかった。もちろんほとぼりがさめた頃には介入してきたけれど。

でも鈴木書店が大学生協に突っ込んでいったことで、京都や仙台や至るところの大学前の書店との取引は全部断られてしまった。そういった犠牲を払っての大学生協進出だった。

17 大学生協と再販制

――その話を聞いて、それが再販制の伏線だったとよくわかります。日書連の前身である小売全連から再販制維持契約案が昭和二十九年に出されるんですが、出版社も取次も書店もそれほど関心が払われず、熱心でなかったために、実施は三十一年まで持ちこされてしまう。その理由は都市部の大学近辺の書店によって再販制が提唱されたからで、それは生協による一割引販売に対する危惧から生じたとされている。しかし大学生協とバッティングする書店は限られたわずかな数でしかなかったために、スムーズに受け入れられなかったと推測されるわけです。

つまり鈴木書店との取引を契機にして、教科書から単行本まで大学生協が値引して売るようになったので、町の書店はやっていけないから、値引きを禁止する再販契約を結びましょうという流れになった。

小泉　それは大いにありうるね。書店の反発はすごかったから。でも鈴木さんは学生の教育のほうを優先したわけで、それに最初は教科書だけだったし、それを生協が売るのは理に叶っていると思っていたんじゃないかな。

それに例えば早稲田界隈の書店なんかの場合、教授たちを押さえていて、そこで専門書を買わせるシステムになっていたから、教科書ぐらいかまわないという感じもあったね。

——確かに大学前の書店が教授の本を出版し、それを教科書や参考書に指定するというのは当たり前だったし、それこそ一部の教授たちの利権に他ならなかったわけだから。でもところによってはあからさまな妨害みたいなものも生じたでしょうね。

小泉　鈴木さんが一番苦労したのは京都で、地元の書店の反対があって大変だったらしい。

貨物で商品を京都駅に送る。それを降ろしてトラックに積む。それでまっすぐ京都大学へいければいいけど、見張りがいて通報されるので、ごまかすために京都の北の山の方にとりあえずは向かう。それで目をくらまして、隙を突いて京都大学へと運びこむ、そういう話を聞いたことがあって、そこまでやるのかと思った。

同じようなことは北海道大、東北大でもあったようだし、都内の早稲田大学や明治大学でも厳しかったらしい。明治の教科書を扱っていた書店は鈴木さんや三森さんと親しかったこともあって、例えば五百部の教科書の場合、三百部が書店、二百部が生協と分けあっていた。ただどちらからか、必ず返品が出てしまうので、出版社からは一本にしてほしいと毎年いわれたね。ところが学部長と書店の関係などもあって、なかなかそうもいかなかった。

18　大学の教科書販売

――大学の教科書の正味も高いんですか。

小泉　高いね。鈴木書店の場合、岩波書店も東大出版会も入り正味は高かったけど、教科書だけはどこもそれなりに高くて、七三、七五、七六だった。ちなみに語学テキストも同様以上で、これらは隠れ高正味といってもよかった。

これらの高正味をめぐっては色々と攻防があって、生協からはまとめて運ぶだけで販売努力もしていないいんだから、正味を落とせといわれたし、逆に出版社からも同じことをいわれ、だから正味が高くても当たり前だとの反論が返ってきた。結局のところ、出版社も教科書売上が半分ぐらいを占めていたから、そう簡単に正味は下げるわけにはいかなかった。

――それでは大学教科書販売というのも構造的にいって、出版社はともかく、取次や書店にとって、また生協にとっても労力とそれなりの金は動いても、そんなに儲かるものではなかったということになりますね。

小泉 まあ、取引金額によって力関係で、取次が一分か二分安くすることはあっても、出版社が正味をいじることはまったくなかったから。やはり教科書と一緒に他の辞典とか本をどれだけ買ってくれるかが眼目だった。

――それでは中学、高校の教科書販売と変わらない。

小泉 だから書店と教授たちの癒着というものが必然的に生じ、そこで色々とあったんだろうね。大学生協に教科書販売が移るということはそうした癒着がなくなってしまうわけで、俺の教科書は生協で売らせないと公言していた教授もいて、取次を通さずに売られてもいた。やっぱりと思ったりもしましたよ。

――ところで生協では最初から一割引だったんですか。

小泉　いや、そうじゃない。生協というのは「生活協同組合法」に基づいて、現金割引はできなかった。だからクーポン券を出すことから始まっている。それがいつからか現金割引も可能になったという経緯がある。クーポン券といえば、それは町の書店でも出していたところもあるし、再販制が導入される前には色んな販売方法が試みられていた。

――それらは取次と連携するところも生じたと思うんですが、小泉さんも鈴木さんが開拓した大学生協に関わっていくわけですよね。

19　夜行での集金旅行

小泉　やっぱり鈴木さんから生協のことも勉強しろといわれ、関わっていくようになるけど、その前に教科書と書店の関係を身をもって体験する必要があった。

おそらくそういう配慮もあって、仙台や山形の大学教科書に強い書店に集金にいかされた。昔は月一回必ず集金にいった。それも夜行で。いけばくれるけど、いかないと送ってこないからね。

上野発の八時半の夜行の汽車でいくと、向こうに六時頃に着く。蒸気機関車のぽっぽっという煙が懐しいね。最初は鈴木さんが一緒にいってくれたから、上野で汽車の席をとって待っていると、鈴木さんがくる。それで窓のところに牛乳やアンパンを並べて、食べながら乗っていく。そこで鈴木さんは一晩中話してくれるんだ。自分がこれまでやってきたこととか思い出などを。それがあの人の所謂教育法だったと思う。


――何か絵になる感じで、じんときますね。鈴木さんも小泉さんもまだ若く、鈴木書店も戦後の出版業界もまだ始まったばかりだった。


小泉　そういうことだね。

それはともかく、初めて地方の書店にいったわけで、地方の教科書を扱う書店の立派な店構えにまずびっくりしてしまった。今考えれば、そんなに大きくないんだけれど、間口五、六間で、正方形の店だったから、神田の小さい店に比べれば、大きく見えた。それから店の前にずらりと客の自転車が並んでいた。

店の半分くらいは学参売場で、岩波の本なんかどこにあるのかわからない。これも後になって考えたのだけど、鈴木書店の東京の取引先に丸善、紀伊國屋、三省堂とあって、それぞれ性格がちがっているように、どちらかといえば学参をメインにした三省堂の売場が地方の教科書を扱う書店のモデルになっているんじゃないかと。

―― おそらくそうなんじゃないですか。教科書販売をコアにして書店も全国的に立ち上がってくるのが近代出版業界の事実ですから。その全国的な出店は三省堂や金港堂によって担われていた。

小泉 私がいったのは仙台の金港堂や高山書店だったから、やはりそのパターンに則っていたことになるね。

当時は月一回の集金旅行は恒例だったし、それを通じて、仙台はここ、山形はここだと主要な取引先を覚え、東京とはまたちがう地方の書店というものを学んでいった。それが鈴木さんの実地教育だった。

―― 『出版販売を読む』(日本エディタースクール出版)を著したみすず書房の相田良雄さんも、戦後のそうした時代の地方書店にふれ、店の規模の割には学参スペースとバックヤードの在庫がすごかったと書いている。

20　地方書店の外商

小泉　地域に根ざすことを目標とし、それによるシェアの拡大が当時の書店の方針だったから、まず子供というか生徒をしっかり押さえなければならない。それと教科書を通じて学校とのつながりがとても強かった。それは東京の書店の比ではなかった。

――やっぱり地方書店の外商部門はその地域にある小中高の学校を中心にして展開されていたからでしょうね。

小泉　山形だったかな、当時はほとんど外売だけの書店もあった。確かに学校から外商が始まったことは事実だろうけど、その頃になると、学校以外の職域販売というのも始まっていたんじゃないかと思う。

その外売の実態はよくわからなかったが、行ってみると、店はものすごく小さく、本もほとんどおいていない。でもすごく売っていることだけはよく知られているわけですよ。どこで売るのかわからないけど、外売の達人とされているような書店がいくつもあった。

――再販制が導入されるのは昭和二十八年だから、学校やその他の職域販売の場合、値引は当たり前だったんでしょうね。

小泉　それは当然ですよ。昔でいう三公社五現業という職域だったら、雑誌でも企画物でも購入部数が他よりも圧倒的に多いから、値引なしということはありえない。風呂敷を担いで出入りし、値段もサービスするのはつきもので、そうしなければ外売も成立しない。それは堅いはずの銀行や地方国立大学だって同じことで、値引の他にも色々なバックマージンなんかも不可欠だった。労働組合を通じてということであれば、これもまたバックマージンは必ず必要だった。

——今ではもうなくなってしまったと思いますが、二十年くらい前には自治会ルートの回覧板で実用書の特価販売案内が回ってきた。確か緒方出版とかいう版元だった。ところがその注文表を見ると、結構な数が上がっていて、それなりに売れているんだと感心したことがある。

小泉　それは戦後に色んな出版社や書店が生まれた頃の名残りで、いわゆる「担ぎ屋」もいっぱいいいた。その人たちがそれぞれ得意の職域を持っていて、それ専門の本をつくったりしていいた。

——「担ぎ屋」というのは地図の版元の立ち上がりをいったと聞いていますが、もっと広義に考えるべきなんですね。

21　戦後の書店の始まり

小泉　広義といえば、戦後の立ち上がりの書店だって本当に様々だった。池袋駅の東口に新栄堂書店があって、すでになくなってしまったけど、その前を数寄屋橋から池袋に至る都電が通っていた。だから立地は抜群なわけです。それで戦後は婦人誌の時代でもあったから、それらをものすごく売った。しかも新年号の発売時になると店の前に戸板を並べ、冬の寒い中で各社の婦人誌の新年号を売る。これが本当によく売れて、講談社の社員が帰りに手伝いにくるほどだった。

――でも鈴木さんは婦人誌を扱っていなかった。

小泉　そう、うちはやっていなかった。ところが当時の書店は自転車で毎日鈴木書店にも仕入れにきて、売れそうなものなら何でも持っていった。それでクリスマスの時期になると、店員が少ないのにプレゼント用の包装を頼まれることが多く、それで鈴木書店に手伝いにきてくれということになる。行ったって、そんなにうまく包装できるわけじゃないけど、そういう手伝いをしたことがある。

――そうか、本や雑誌がクリスマスプレゼントとなる時代に入っていたんですね。

小泉　それはすごかったし、またよく売れた。それで鈴木書店の店売は岩波書店の児童書を平積みにすると、これもよく売れて年末のいい商売になった。もちろんそれは子供が買ったんじゃなくて、丸善や東京堂書店や近藤書店で親がプレゼント用に買っていたんだろうけど。

少し話がそれてしまったが、とにかく当時の書店もその他にもあらゆることをやった。売れる本や雑誌の仕入れにも熱心だったが、見こめる外商や売れる職域に関しても積極的だったから、色んなルートやシステムが開発され、それに応じて出版社や取次も様々に対応していったし、その自治会ルート販売もその名残りだろうね。

――そうした時代の書店のエピソードというのは色々とありますか。

小泉　その中でも面白いのは東京駅の近くに急にできた書店があった。それが売上をごまかして脱税するわけだ。そのために鈴木書店への支払いが十円玉や五円玉できていた。

――それはどういうことですか。

小泉　十円玉や五円玉がいっぱいあった時代だから、そうした小銭を全部売上から除外し、それを鈴木書店の支払い分に当てていたわけだ。さすがに鳥飼さんも気がついてまずいと思っていたら、脱税が見つかってしまった。

それから鈴木さんが応援していた書店があった。でも岩波書店の本が大量に返品されたりすることもあって、鈴木さんも心配して、つぶれるんじゃないかと神田村の人にいったことがあった。それがその書店のオーナーの耳に入り、その人が夜行で鈴木書店にきて、朝から待っていた。それで鈴木さんがくると、かばんから小切手帳と印鑑を出して、心配をかけているそうだが、これを預けておくから何かの時には使ってくれとおいていった。結局使うことはなかったが、すごい人もいたもんだと思ったことがある。

とにかく戦後も高度成長と安定期に入るまでは集金旅行も含めて、取次ばかりでなく、出版社や書店も大変だったことは間違いないね。

22　講談社との取引

小泉　もうひとつ婦人雑誌の時代のエピソードを加えると、その後講談社の取引口座も設けたことがあった。これは講談社の別会社で、講談社出版販売というのがあり、そこの責任者だった人から、東、日販は注文品の入荷が遅いので困っている。そこで注文口座だけでも開いてくれないかという要請がきて、断りきれなかった。そうしたら、鈴木だったら注文品も早いだろうと書店が思いこんで、注文を回してくるようになった。それで一年間で二億円ぐらいの売上になってしまい、講談社でも驚いていた。

——その雑誌と書籍の比率はどうだったんですか。

小泉 雑誌ではなくて、書籍が多かった。それで単行本だけでなく、他の物もおいてくれといわれた。でも鈴木さんの判断はそこまでやることはないというものだった。ただ一年ぐらいやってみて困ったのは客注や注文が遅くなってしまうことだ。

——それは講談社の出荷が遅いということですか。

小泉 そういうことだね。うちの場合は入ればすぐに書店に送るし、売ることができる。ところが東、日販の場合、入っても一週間は中をぐるぐる回って一週間ぐらいかかってしまう。講談社の出荷が遅いことと取次の日数が加わり、とんでもなく遅くなってしまうわけだ。

だから鈴木書店にということになったのだけど、最短でも十日ほどかかる。どうして講談社だけはそんなに遅いんだといわれ、こちらも迅速出荷の鈴木書店のイメージのこともあるから、講談社を呼んで、もっと早く出してくれといったわけです。講談社は本社の営業部長が出てきたが、びっくりしていた。どうしてかというと、東、日販からそんなことをいわれたことがなかったし、どうして神田村の小取次にそんなことをいわれなきゃならないんだという感じだった。

――なるほど、よくわかります。

小泉　でもさらに在庫があるのに、どうして二、三日で出荷できないのかともいった。明らかに頭にきていたのがよくわかった。かろうじて何とか努力しますといって帰ったが、まったく改善されなかったといっていい。

――大手出版社の営業の人たちはそれでずっとすませてきたといっても過言ではない。要するに倉庫事情のことなんかにまったく通じておらず、流通のことに無知だった。

小泉　それでしょうがないから、講談社の本をうちの店売に置くしかないかということになった。しかし大々的にやるのは岩波書店に対して少しまずい気がしたので、少しだけやってみた。

そうしたら、今度は書店から新刊も入れてくれとの要請が上がってきた。ところが既刊分以上に新刊の入りは遅くて、それをめぐって色んな問題が出てきた。そんなわけで、一年ちょっとで止めてしまった。

でも講談社にとっては少し残念だったようだ。それまで流通問題に関して東、日販から何もいわれたことがないので、鈴木書店からの意見が腹が立ったにしても新鮮だったみたいだ。それで鈴木書店の場合は仕入れと出荷をこうやっていると色んなところでしゃべっていたらしい。

――講談社というのはコンピュータ管理が始まる前に文庫や新書はあったけど、単行本の目録がなかった。その代わりにコードブックというのが社内の管理用にあった。これを見せてもらってチェックすると、書名とコードしか掲載されていない。

小泉 そうなんだ。だから在庫の有無もわからない。これは本当に笑い話になってしまうけれど、人文書のことで講談社から電話がかかってきた。お客さんから問い合わせがあったが、この本は講談社で出していますかという電話だった。それだったら子会社の東都書房から出ていると教えてやった。そのくらい講談社というのは社員が自分のところの出版物を知らなかった。

――本当に笑ってしまいますね。（原田裕『戦後の講談社と東都書房』出版人に聞くシリーズ14参照）

小泉　そういう講談社の社内事情もあるけど、やっぱり鈴木さんは講談社のような大手出版社の体質が合わなかった。それでいて大手が駄目かといえば、そんなことはなく、書店との関係はすごく密接だった。ともかく鈴木さんというのは書店に対して万全を期しているところがあったし、とても好かれていた。そばにいて、それがよくわかった。ちょっと言葉で表せないんだけど。

栗田時代からそうだったようだが、苦み走ったいい男で、きっぷもいいし、部下たちからもすごく慕われていたらしい。栗田の社長になった伊東さんも腰が低くて温厚な人で、栗田の弟子として、鈴木さんと好対照だった。

それから鈴木さんの人徳というのか、まだよき取次時代を示しているのか、東販の歴代の社長の石川武美さんや南雲忠勝さんなどが鈴木書店によくきていて、紹介もされたりした。

第Ⅲ部

23 大取次と小取次の格差

―― 南雲さんという人は交通事故で亡くなってしまったけど、彼はこれからの東販を担う人材だといわれていましたね。

小泉 本当にすごく立派な人だった。鈴木さんも惜しい人物を亡くしたといっていた。でもその頃から大取次と小取次、雑誌と書籍出版社の格差が生じてきて、鈴木書店では未來社やみすず書房の本を主たるロングセラーとして売り続けていたけれど、東、日販にすれば、未來社とかみすず書房はどんな本を出しているのかも知らなくなっている状況が進んでいった感じがする。

例えば、紀伊國屋で東販の部長とばったり会ったりする。そうすると東販のほうに注文を出せばいいのに、遅いから鈴木書店のほうに回して入ってきているのが目の前でわかる。昔だったら少しむっとするところだったのが、いや鈴木さん助かるよ、うちはこんなに早く入らないからねというようになった。それで聞いてみると、東販のシステムの場合、書籍はまったく儲からないから、こういう迅速な入荷はもはや無理だ。これは鈴木さんのようなシステムから見れば、わからないだろうけれど、いい仕事とは見なされないので、ある時から投げ出してしまい、改善は難しい。だから鈴木さんお願いしますよ、まかせますからよろしくと。

――そこに日本の出版業界の書籍の流通改革の後進性というか遅れが露出している。

小泉 ただ東販がいうのもわかるわけですよ。鈴木書店の場合、定価の高い単行本中心で、しかも大型店と大学生協がメインだし、取引先も少ないから、迅速な出荷システムを構築できる。ただそれは私の経験からいっても、当時はあくまで人海戦術ということになる。

取引先の書店と本をよく知っているベテランの専従の社員がいることによって成り立つわけだから、それを雑誌を中心とする東、日販は導入できない。それに何よりも取引先書店もまた中小が多く、書籍の注文も単価の低いものが多いから、コストが吸収できないこともあったんだろうけど。

――これは私の持論なんですが、日本の出版業界は早過ぎた書籍の低価格革命をやってしまった。それは昭和初期の円本時代で、各種の文学全集などを一円で売り、それが契機になって文庫や新書も生まれた。このことがトラウマにもなり、戦後もそれが繰り返され、とりわけ七〇年代には各社から文庫も出され、現在につながるペーパーバック市場化が進められていった。それでいて一冊の流通コストは変わらないから、利益が出ないという悪循環に陥ってしまった。

小泉　それもよくわかるが、一方で戦後の本の値上がりは悩みの種だったことも事実です。本の需要が旺盛だっただけに二桁のインフレ的値上がりは取次や書店に跳ね返った。二桁成長が続いたといわれるが、それは値上がりのせいでもあった。でもその恩恵は我々も受けて、池田勇人の所得倍増計画の頃は鈴木書店も絶好調で、ボーナスを入れた袋が立ったこともあった。

ところが高度成長が続いている間はよかったけれど、オイルショックでそれが終わってしまうと、値上がり路線だけでは無理だということになり、各社の文庫合戦が始まってしまった。

――そして挙げ句の果てに究極の価格破壊であるブックオフが登場することになるわけですよ。

それはともかく、色んな出版社や書店の問題を抱えながらも、鈴木書店は戦後の混乱をくぐり抜け、高度成長期に入って取次としての確固たる地盤を築いたといっていい。その過程で、出版社や書店の開拓は鈴木さんが陣頭に立ってやられたんですか。

小泉　もちろんそうですよ。私が入った頃はある程度かたちになり始めていた。これは鈴木さんの人徳があってのことだけど、鈴木書店を始めるということで、多くの出版社が賛同し、支援した。だから鈴木さんの開拓の努力ももちろんあったと思うが、出版社のほうから寄ってきたということもかなりあったんじゃないかな。ただ鈴木さんにも色んな思いがあって、何でもかんでも引き受けたというわけではなく、選別してつき合ったというところが正直なところだと思う。

24　鈴木書店と神田村

——まあ、そうでしょうね。その一方で、書店のほうはどうだったんでしょうか。

小泉　書店の場合は戦後のあんな状況だし、本は潤沢に入荷しないわけだから、当然のことながらどこも神田村に仕入れにくることになる。当時の神田村の小取次は得意な分野を積極的に宣伝していたし、書籍だけでなく雑誌も扱っていたから、書店は注目するし、仕入れにも頻繁にくる。何せあの頃は四十を超える取次があったからね。その神田村の核になったのが鈴木書店、明文図書、鍬谷書店、博文社などで、みんながそれぞれ特色を持っていた。

その中でも鈴木書店は岩波、中公、筑摩といったところの常備品と売れ筋の本がおいてあるわけだから、色々とやっかみもあったにしても、同業者からは利益の問題は別にして、鈴木書店が羨しいとよくいわれた。

そういうポジションに鈴木書店はあったから、書店にとっては神田にきたらまず鈴木書店にいく、お茶の水で降りたら最初に鈴木書店によるというのが定番になっていた。とにかく鈴木さん個人の魅力に加えて、扱っている出版社の本の人気も大いにあった。今思うと、その後立派な経営者になった都内の書店の人たちが自転車でいつも店売に仕入れにきていた。それはやっぱり鈴木書店の取引先の出版社の魅力によるものだったね。

――その際の店売の処理は伝票ではなく、現金取引だったのでしょうか。

小泉　そう、そろばんで計算して、端数は四捨五入していた。現金取引はメリットが大きかったが、それは大変だった。我々もそろばんがそんなに達者だったわけがないから。

――どういう計算処理をするのですか。

小泉　単品ごとに出版社別の仕入れ正味を入れ、それに全部七％をのせる。定価別正味もあるし、テキスト類もあるから、七〇%台から、八一、八三、八五もある。だから計算が大変だったよ。

――それでも戦後のある時期は取次の店売が一部の書店を相手にした活発な小売り機能を兼ねていたわけですね。

小泉　もちろんその後も店売は小売り機能をずっと維持していたけれど、あの時期ほどよく売れたことはなかったし、神田村に現金収入を多大にもたらし、それが発展につながっていた。

――店売の帳合売りと現金売りの比率はどのぐらいだったんですか。

小泉　原則的に店売にほとんど帳合はない。現金取引だよ。帳合というのは外売で配達するものだから、配達先の書店の人が仕入れた場合に限って帳合売りになる。でもそうした書店には毎日いっているわけだから、わざわざ仕入れにくる必要はないし、比率からいってもわずかなものだった。

――ということは取引口座のない書店が現金で買いにきて、その場で払ってもらうのが大半だった。

小泉　そういうこと、だから神田村の取次は低コストで現金という日銭商売もできた。

そういうわけで、雑誌も含めた小取次が四十以上もあった。そのために仕入れにきた書店は正味は高くても、神田村を一回りすれば、売れ筋を風呂敷に担いで帰ることができた。

――東、日販の店売は現金売りをやっていなかったのかな。

小泉　よくわからないけど、やっていなかったと思うよ。だからみんなが神田村にきていた。

25　鈴木書店と太洋社

――神田村の取次は鈴木書店が人文書を得意としていたように、明文図書や鍬谷書店も法経書やビジネス書、医学書などが専門で、それぞれが店売機能を持っていたから、神田村の繁栄があったと見ていいんでしょうね。

それからこれは別の話になってしまうので、またの機会に譲るしかないですが、貸本やゾッキ本なども扱う全国出版物卸商業協同組合に属する多くの出版社は取次を兼ねていて、やはり神田村周辺にあり、棲み分けするような感じであった。それがまた神田村の多様性をも形成する要因ももたらしていたと思います。

取次でも太洋社などはそちらの業界ともつながりがあってスタートしているところもあるんじゃないでしょうか。主要取引先の明屋書店とか文真堂書店も元は貸本屋ですから、鈴木書店の人文書じゃないけど、得意とする分野をそれなりに開拓していた。

小泉 太洋社の場合は鈴木書店と取引があった。それは岩波とか筑摩の本が客注の関係から必要で、鈴木からとるようになったわけだ。ただ東販が応援していたので、バッティングしないように気を使った。

―― いわゆる「仲間取引」ということですね。

小泉 そういうことだね、これも一時はかなりの取引量になったんじゃなかったかな。『中央公論』とか『婦人公論』も鈴木書店から回していたから。

―― 太洋社との関係も鈴木さんとの絡みからなのかしら。

小泉 私が店売にいた頃から太洋社が注文短冊を置いていくようになり、それで特別に翌日出すようにしてやったことを覚えている。でも鈴木さんと太洋社がどうしてつながったのかはわからなかった。

太洋社の先代の國弘直社長はすごいやり手だったけど、鈴木さんから見ればずぶの素人みたいなものだった。一緒に仕事をしたことはないはずだし、どうしてそうした関係になったのか。太洋社から見て、鈴木書店がくみしやすいと考えたのかもしれないけど。

26　取次の多様性と様々な商品

――太洋社の話で思い出しましたが、双葉社は岐阜で始まった出版社で、金と紙は自前で調達できたこともあって、いわゆる「倶楽部雑誌」を中心にして出しまくり、ものすごく利益を上げたようなんです（塩澤実信『倶楽部雑誌探究』出版人に聞くシリーズ13参照）。だから戦後の出版業界は戦前の取次に連なる東、日販が立ち上がり、それにやはり戦前からある大手出版社がタッグを組んで主流を形成していく一方で、神田村に象徴される小取次も簇生し、そこに戦後の新興勢力の出版社や書店、太洋社のような取次、全国出版物卸商業協同組合傘下の出版社や取次や書店も絡んで、貸本や大衆小説やコミックなどの立ち上がりを支えたんじゃないかと想像しています。それが有望市場になった時に、大手出版社が参入し、囲いこんでしまったと見ている。

小泉　そうした分野の商品は別立てで正味で、色々とあった。花札、トランプ、カルタ、暦、花火、紙芝居、それから教材品といった地図とか掛け地図などで、これらは正味が三掛けからで、利幅もあるから、本当に欠かせない商品だった。それこそ年末年始グッズだった。

―― おそらく今はゲームで有名になった任天堂だってその一角を形成していたはずで、赤本屋系出版社や取次には堂がついていることが多いですから。

小泉 そういえば、京都に花札の大石天狗堂というのがあるね。

―― ですから上部構造と下部構造じゃないけれど、取次が扱う商品というものは岩波書店の出版物から赤本系の暦まであって、利益のことを考えれば、それらも取りこまなければならない。それらは書店需要も高いわけだから。でも鈴木さんはそういう選択はしないで、上澄みの人文書を得意分野にして、書店に対してアピールし、取引を拡げていったわけですね。

27 鈴木書店の哲学

小泉 でもそこら辺にも鈴木さん独特の哲学があった。これだけの人間と規模でやっているんだから、出版社にしても書店にしても、新規取引は慎重にやれと言われましたよ。裾野を拡げれば、売上は増えるし、出版社も喜ぶけれど、既存の出版社が手薄になっては困る。そんなことがないように、新規の場合はきちんとした実力を見極めてからやるようにと。それが鈴木さんの考えだった。

――そうした鈴木さんの考えと社内的なバランスをふまえた上で、我々も取引できるようになったんですね。

小泉　だから新規に出版社と取引を始める場合、東、日販のようにある程度マニュアルに沿って決めていたのではなく、それぞれ個別の観点から見て、それで判断し、口座を開いていていた。いちいち個別にその理由を説明するわけにはいかないけど。

――その節は本当にお世話になりました。でもいずこも創業出版社は資金繰りが苦しくて、鈴木書店の厚情がなければ、つぶれていたところはいくつもありますよ。

小泉　でもそういった鈴木書店の選別理由をまったくわからずに、うちは人文書専門出版社なのにどうして口座を開いてくれないのかとねじこむところもあったね。鈴木書店もそれなりの歴史があって、出版社や書店の選択、生協との取引開始という流れの中で、人文書の鈴木書店という専門取次の名前を得たわけだけど、その分野の全部をフォローすることはできないし、それはおこがましいことだとわかっていた。そうだからこそ、鈴木書店と見合う出版社の取引であれば、前向きに考えるが、単に人文書を出しているだけで、口座を開けと直談判してくるような版元とはとてもつき合えない。もちろんそういいたい気持ちもわかるし、取引を断られるのは出版社にとってしゃくにさわるし、惨めなこともわかるけどね。

――そうした出版社との結びつきや行き違いは仕方がないと思いますが、時代による出版社や出版物の変化、あるいは売れ方の変化というものも作用しているんでしょうか。

小泉　それはもちろんあった。六〇年安保を境にして、左翼出版物の売れ筋がいわゆる日共系の出版社から新左翼系の出版社へと移っていったし、それまでその種のものに縁のなかった出版社も出すようになったし、それらを主として刊行する出版社もできていった。

28　鈴木書店とＮＲ

――新泉社を中心とするＮＲ出版協同組合（現、ＮＲ出版会）も、昭和四十四（一九六九）年八月に鈴木書店の肝入りでつくられたと聞いていますが。

小泉　ＮＲもその流れの中で生まれたもので、日共系の本ではなく、新左翼系の出版社をグループ化し、それらの本をまとめて売るようにしたらどうだろうかというところから始まった。確かによく売れていたからね。でもそれは鈴木書店が会社として正式に要請したわけではなく、鈴木書店の社員が個人的にいい出したことですよ。それで第一回のＮＲセット「現代思想選書」（昭和四十五年二月）が組まれ、ものすごく好評で、これもよく売れた。

―― それが真相だったんですか。鈴木書店のリードで設立されたと新泉社の小汀良久さんから聞いていましたが。

小泉　小汀さんも亡くなってしまったけど、これは本当のことです。だって鈴木書店の立場として、他の出版社の手前もあるから、そこまで一方的な肩入れはできないことはわかるでしょう。

―― それはこれまでうかがってきた鈴木書店の経緯と事情からよくわかります。

小泉　でもそのようにいわれるのも無理がないほど新左翼系の本が売れ出していたことも確かだね。ＮＲの頭文字は「ノンセクト・ラディカル」とか「ノー・リターン」とか言われ、書店でもＮＲ各社の本は歓迎された。

29　羽仁五郎の『都市の論理』

小泉　それらの中でも特別だったのは羽仁五郎の『都市の論理』で、五十万部以上売ったんじゃないかな。それで羽仁五郎が勁草書房の宣伝から営業まで仕切ってしまい、大変な鼻息だったようだ。今日は朝日新聞、明日は読売新聞という感じで、広告もうち、すごい売れ行きだった。新宿の紀伊國屋の売上は突出していて、毎日千部売れた。新宿と紀伊国屋が新左翼系の集まる場所だったことを証明しているような売上部数だった。

――毎日千部というのは確かにすごい。

小泉　しかも千部以上は売らないわけです。千部売ったらその日は終わりで、また明日千部、その次の日にまた千部という売り方で、結局五十万部までいった。

――その納品の大部分は鈴木書店が担ったわけなんでしょう。紀伊國屋だけでなく、大学生協も含めて。

小泉　それでものすごく忙しかったことも事実だが、その半面様々なトラブルもあって大変だった。

紀伊國屋の場合はそれぞれの新左翼系のセクトがきて、関係する本が見当らないと、どうしておいてないんだというクレームがつく。それで紀伊國屋も売上に結びつかないにしろ、おかないわけにはいかないから、その注文がすべて鈴木書店に入ってくる。ところがそれらの全部を扱っているわけじゃないから、現金仕入れなどで様々に手配しなければならない。それも毎日のように入ってきて、こちらも大変だったよ。

それから大学生協の場合、どこも大学紛争真っ盛りで、生協は日共系だから狙われて、納品の箱に新左翼系のセクトの連中から水をぶっかけられる。そうすると本が濡れてしまう。ところがそれが納品の途中だと鈴木書店の責任にもなるので、取り替えなきゃならない。それが一週間後にまた起きたりする。もういい加減にしろといって、しばらくほうっておいたこともあった。だからあの頃は大学生協との取引をもうやりたくないと思ったよ。いつまでこんなことが続くんだとうんざりしていたから。

―― でもそれらのこともあって、鈴木書店は新左翼系の出版物の売上に寄与したことになりますね。神田のウニタだって鈴木書店帳合だったから。

小泉 最初はそうだったかもしれないが、後になるとウニタはかなり直接取引に移っていたはずだよ。

それから『都市の論理』に戻ると、あれは小さな四六判だったことから、随分万引きされたようで、書店では必ず見えるところに置けというのが原則だった。それに売っているほうの実感として、あれだけ売れたのにあれほど読まれなかった本もないという印象が強い。

――そうか、いわれてみて初めて気がついたけど、誰一人周りで読んだという話を聞いたことがない。私も高校生の頃に地方の書店で買っただけで、読まずに古本屋に売ってしまった。『都市の論理』は啓蒙書的なところもあるが、羽仁五郎の西洋史研究の総集編みたいな感じで、かなり西洋史に通じていないと読めない。そんな感じを受け、結局のところ、現在に至るまで読んでいませんね。

小泉　いや、何でそんな話をしたかというと、ああいう本の売れ方は初めてで、こんなかたちで世の中が変わったり、動いていったり、論争が起きたりするんだと実感したからだね。本の売れ行きと世の中の動きが密接に結びついている。今では信じられないかもしれないが、色んな論争が取次、生協、書店、古本屋の現場でだって起きていて、そうした熱気が本の売れ行きに直接結びついていた。ある書店の店主が反体制の時代は本がよく売れるといっていたけど、それはまさに本当だね。それに比べて、今は表面的にはしーんとしているから、本が売れないのも当たり前だと思ったりする。

――『都市の論理』の読まれないのによく売れたという体験は初めてだといわれましたが、そこら辺のことをもう少し聞かせて下さい。

小泉 それまではマル経が強い大学生協だと、大月書店の箱入りの『資本論』セットがものすごく売れて、新学期になると五、六百セットは売れていた。トン車で搬入したぐらいだった。だから六〇年代を通じて、いくら仕入れても足りないような状況がずっと続いた。

――そういった事情は地方の古本屋の人からも聞いたことがある。六〇年代まではマルクス主義関係の本がドル箱で、やはりいくら仕入れてもすぐに売れてしまい、いつも探していたと。

小泉 それはよくわかるね。ただ『資本論』がいくら売れても、それを読むのはわずかで、大半が読んでいないことは自明の理だった。それは出版社も取次も書店も生協も読者も暗黙の了承みたいなところがあった。

ところが『都市の論理』のように五十万部以上売れ、学生たちがあれだけ買い、世の中の動きともつながり、話題にもなったのに、あれほど読まれなかった本というものはあの時代になって初めて出てきたような気がする。

30 出版社や書店の変化

――読まれずにただ消費されていく本のはしりであったかもしれませんね。おそらく立場はちがっても同じ都市論ともいえる、数年後の田中角栄の『日本列島改造論』、あるいはずっと後の浅田彰の『構造と力』の売れ方の先駆けだったのかもしれない。そういえば、羽仁と浅田の本も勁草書房だからつながっていることにもなる。

小泉 今思えば、もちろんその頃はまったくわかっていなかったけれど、戦後の本当に本に飢えていた時代が終わって、異なる時代へと入りつつあったんだろうね。本とか読書とか読書家の意味が少しずつ変わっていった。だからそれに合わせて鈴木書店のコンセプトというのも、この時代が一番ぴったりはまっていたけれども、それ以後は変わっていかざるをえなかった。しかしそれがうまくいかなかったことを実感するね。

――鈴木書店も戦後社会とともに成長してきたが、その成長のバックヤードとなっていた社会そのものが変わっていった。だから軌道修正の必要も生じていたということですか。でも出版社や書店との取引にドラスティックな変化はまだ生じていなかったと思いますが。

小泉　それは鈴木書店の場合、支払い関係も含めて律儀にきちんとやってきたけれど、出版社や書店のほうは少しずつ変化してきた。それはどうしても出版社にしても書店にしても規模が小さいから、仕方がないところもあります。

――例えば、鈴木書店は日共系のいわゆる民主書店というのをかなり抱えていた。

――それは知っています。明らかに専門客を相手にしている商品構成で、いくつも見ていますが、確か九〇年代にはほとんどなくなってしまった。

小泉　これは鈴木書店がスタートしてから、戦後のレッドパージで、共産党員が官庁や企業から首を切られた。それで次の職場も見つからないから、書店をやろうかということになった。

それに日本共産党も賛同し、『赤旗』の拡販や選挙活動を絡める意味もあって、資金も出したわけです。それで各地の拠点に書店をつくった。その関係で、共産党が神田に取次も立ち上げた。ところが取次はそんなにたやすいものじゃないし、数年でつぶれてしまった。労働組合、生協、共産党、岩波書店などと色んな事情が絡んでいますが。

――なるほどね。

小泉　そういった経緯と出版社との関係から鈴木書店がそれらの民主書店の面倒を見ることになった。特に首都圏の民主書店を。それから関西にも拡がり、一時はまとめるとかなりの売上になっていた。しかしその民主書店のために特別な新規仕入れをしたわけではなく、鈴木書店の本の流れの中で、売る本や合う本をセレクトしてもらっていた。

31　出版社の営業の秘密

――これは私の推論なんですが、キリスト教系書店と民主書店は宗教系出版物と左翼系出版物の販売のモデルでもあり、そのルートを通じて関連する色んな全集が売られ、後のほるぷの外販活動につながっていったんじゃないかと思っています。

小泉　出版社の営業の場合、色んなルートを使って売りますから、それは当然だし、また各社の営業の秘密にもなっている。

――大月書店の『マルエン全集』などはそうしたルートで売られたと誰も推測できるけど、みすず書房の『現代史資料』などもかなり売られたんじゃないかと。親しい古本屋の人から聞いたんですが、客から『現代史資料』を買ってほしいという依頼があって聞いてみると、亡くなった持主はそれを民主書店から買っていたようなんです。しかもそれは一人ではなく何人かいて、やはり次々に亡くなり、売りに出されているという話だった。だからみすず書房の小尾俊人さんの有名な話があって、ほるぷから月販で売らせてほしいとのオファーが出された際に、『現代史資料』はそんなふうに売ってもらう本じゃないと断わったという神話みたいなエピソードが残されていますが、すでにそういったルートを確保し、バッティングしてしまうからこそ断わったのじゃないかと考えてしまう。

小泉　どの出版社も資本と営業の内実は明らかにされていないけれど、販売に関しても色々あるし、書店の手前もあっていえないことも多々あるのが当たり前だからね。

そういえば、さっき時代が変わりつつあるといったが、鈴木書店に入った頃に一番売れていたのがみすず書房の『魅せられたる魂』（ロマン・ロラン、宮本正清訳）だった。みすず書房も販促に力を入れ、我々にも売ってくれとうるさかった。それから三越の書籍部の係だった時によく売れていたのが外国文学で、白水社や岩波文庫の赤帯の本もそうだった。

――『魅せられたる魂』から『チボー家の人々』（ロジェ・マルタン・デュ・ガール、山内義雄訳）までフランス文学が輝いていた時代ということになりますか。

小泉　そうね、昭和三十年代までは続いた。ただテレビの普及率が高まるにつれ、そういう流れが下火になってきた感がする。

32　筑摩書房と『人間失格』

――この際ですからお聞きしますが、その頃の翻訳ではなくて、印象が強い本は何でしたか。

小泉　それは筑摩書房が出した太宰治の『人間失格』だね。その前年に新潮社から『斜陽』も出ていた。

――確か『ヴィヨンの妻』も筑摩でやはり前年に出ていたと思います。

小泉　そうだったね。当時の筑摩は東大の赤門の前のところをちょっと入ったところにあった。格子戸のついた粋な建物で、毎日『人間失格』を集品にいった。

――写真でしか見ていませんが、昭和二十三年七月に出た茶色の装丁のソフトカバーの本ですよね。

小泉　そんな単行本だった。集品にいくと、社長の古田晁さんがいて、鈴木さんご苦労様って声をかけてくれる。私のようなまだ見習いの若僧にも別け隔てがなく、蛮カラだけどいい人だった。鈴木さんからも岩波の連中からも、古田さんはとても好かれていた。ある時なんか食事をご馳走してくれて、色んな話をした。そうしたら太宰のことになって、彼の肺病が悪化していたので、毎日牛乳やバターかバナナを持って通ったものだという話をしてくれた。

これは私の勝手な意見だけど、古田さんみたいな社長のいる筑摩で、労働組合ができて暴れた話を聞いた時は罰当たりだと思ったものだね。ブレーンだった臼井吉見とか唐木順三にも会ったことがあるが、筑摩はやっぱり古田さんでもっていたのであって、取次の目から見れば、それは一目瞭然だった。もちろん筑摩にもいろんな社員がいて、自分がいたから筑摩もここまできたなんて思っている人もいるだろうけど、取次は誰を見ているかといえば、社長の古田さんの動向がすべてだったし、出版業界の目線はそういうものでもあった。でも編集者はちょっとでもヒットを飛ばすと、そこら辺を誤解してしまう。それは前に話した鈴木書店の口座開設問題とも絡んでいるわけだ。

古田さんはよく鈴木さんのところにきていて、前を通るだけでも鈴木さんお世話になりますと叫んでいた。しかし経営の才があるかといったら、鈴木さんもいっていたけど、経営のけの字もなかった。でもなかったからこそ筑摩はやってこれたということも逆にいえるわけで、これが出版の特殊なところなんですよ。

―― これはこのシリーズ7『営業と経営から見た筑摩書房』のそれこそ筑摩の菊池明郎さんへのインタビューの中で、どうして我々が出版社をやろうと思ったかというと、古田晁と筑摩書房のせいじゃないかと。つまり我々の世代は戦前と異なり、岩波神話みたいなものはほとんどない。その代わりに筑摩信仰が生じていて、筑摩みたいにいい本を出して何とかやっていけるなら、出版社を立ち上げてみたいという気を起こさせた。だから古田と筑摩の罪は重いと冗談半分にいったわけですよ。

小泉 いや、当時はそういう人が多かった。みんながいい本を出して、社員にもそこそこ給料を出せて、それで食っていければいいと思っていたようなところがあった。万年学生みたいで、のんびりしていた時代だったことも確かだけどね。

33 鈴木書店における岩波書店のシェア

―― ところで鈴木書店の取引の最高額が岩波書店であることは周知の事実でしたが、筑摩が一度くらい抜いたことはないんですか。

小泉 それはまったくなかったね。筑摩、中央公論、河出といったところは順位のケタがちがってしまう。みすず書房の取次の売上シェアは鈴木書店が三割から五割を占めていたけれど、金額的にはやはり岩波には及びもつかない。それは東大出版会にしても白水社にしても同様です。中央公論が肉迫したことがあるにはありましたけど。

それに当時は新刊にまったく左右されなかった。岩波の場合は重版比率が五割を超えていた。定価も正味も高いわけだから、ものすごく利益率もよかったし、今とはまったく売れ行きの構造がちがっていた。そういう構造が変わってきたのが八〇年代で、岩波もそれ以後は新刊に力を入れざるをえなくなった。

それを象徴するのがミヒャエル・エンデの『モモ』じゃなかったかな。最初は版権料が高くて、二、三万部出ても合わない、五万部で何とか原価回収で、それ以上売れないといけないといっていた。それ以前の箱入りの児童書は高定価で、定番商品も多くあったから、それらに比べれば、収益構造が変わってしまったことになる。それは次の『果てしない物語』でも当然のことながら同じだった。

――でも岩波の重版体制による成長と安定性は鈴木書店にも直接反映していた。

小泉 それはもう絶対にそうですよ。七四、七五の高正味だから利幅はどうしようもなかったにしても、とにかく量が出たから、鈴木書店の売上増に直結していた。例えば、『漱石全集』を一回出すと、うちだけで二千部ぐらいは定期がとれた。しかも返品がなくて固定売上に結びついていたから、高正味であっても回っていた。

――『日本古典文学大系』とか『日本思想大系』なんかもそれなりに売れたんでしょうね。

小泉　『日本古典文学大系』は三十万部売れたというから、鈴木書店でも何万部を売っているはずで、あれは百巻もあったので、やはり固定売上になった。

――ところが今出ている新版は三千部だといいますから、時代の変化が本当に映し出されている。

小泉　それを考えると、鈴木書店はつぶれるべくしてつぶれたという気にさせられるね。

第Ⅳ部

34　鈴木書店の労働体制と組合

――鈴木書店の全盛というのはずっとうかがってきたように、『都市の論理』や新左翼系の本が売れ、岩波の本も安定した売上を示していた六〇年代後半ということになりますか。

小泉　そうだね、七〇年代になる手前といった感じがする。その頃はよく働いた記憶が強い。始業は八時半だったけど、みんなが七時半か八時にはきていて、出かける仕度をして、御茶ノ水駅に上がっていくと、明文図書の連中とすれちがう。だから一時間も仕事にかかるのが先んじている。それらのことを考えると、二人分の仕事量をこなしていたと思うよ。だからボーナスも立ったといったけど、それだけ働いたから。

――でも取次としては群を抜いていたんじゃないですか。

小泉　それは鈴木さんが利益は内部留保しないで、みんなに分配するという方針だったから。そういう方針だから給料もよくなり、会社には活気があり、我々も朝早くから夜遅くまで働いたわけですよ。

――ところが筑摩じゃないけど、鈴木書店にも組合ができる。それもその頃ですよね。

小泉　できたのは創業二十年の少し前だったから、一九六八年頃かな。

――組合が結成されたのは明確な理由があったんですか。

小泉　サービス残業、勤務評定、査定の問題、縁故による厚遇とか色々は挙げられるにしても、決定的なのは給料とボーナスの差がつくことだったんじゃないかな。

――なるほど、やはりそういうことですか。

小泉　でも鈴木さんはそういうことに関わっていなかった。それは鳥飼さんが仕切っていた。勤務評定は課長がやっていて、前のことはわからないから最近のことを鑑みて、十とか、五とか三とかつける。つまり好悪の感情もかなり入ってやってしまうわけだ。それは我々も問題だとは思っていた。しかし働く社員から見ると、実績に応じて給料の差がつくのも悪くはないということはあった。そこら辺のことは勤務評定にかなり反映されていたから。そこに労働組合ができたことになる。

――それでこれまで知られていなかったことが明るみに出てしまった。

小泉　そうなんだ、誰がいくらもらっているのかがみんなにわかってしまった。私もまったく知らなかったし、あの人はあんなにもらっていたのかという感じだった。それは鈴木さんも知らないことだった。

――それは鳥飼さんが仕切っていたからですか。

小泉 そう、鳥飼さんしか知らない。他の誰もが知らされていなかった。それを組合が全部公開してしまったことになる。

鈴木書店の場合、和気藹藹の家族主義でやってきた。そこに組合ができた。そうなると、組織も命令系統もこれまでと同じようなわけにはいかないし、仕事にどれだけ影響が出るのかもわからない。緊張して、会社の雰囲気ががらっと変わった。

取次のような仕事をする会社は東、日販を見ていてわかったけど、組織と命令系統で動いている。だから組合ができると、鈴木書店も影響を受けざるをえないだろうと、私は鈴木さんにいった。自分はできるだけ変わることなく働きますけどとも伝えた。鈴木さんもそこら辺の事情は筑摩書房や白水社の組合の件も聞いていたから、半信半疑にしてもわかっていたんじゃないかな。

――それで結果として組合ができてどうなりましたか。

小泉 仕事に関するあらゆるものが標準化されていった。それまでの家族主義のなあなあ的状態から規則正しい会社主義への移行という感じかな。出勤時間も決められ、残業手当も出さなきゃいけなくなり、休憩時間や休暇もとるようになった。

何というのかな、言い方は悪いけど、それまでは外向き、上向きで出版業界のことを考えながら仕事をしていたのに、すごく内向き、下向きになってしまった。今までとは逆の流れで仕事をするようなムードに包まれてしまった。

またその頃から会社の売上が頭打ちになり、成長期が終わりつつあった。売上の伸びが止まってくると、どこの会社もそうですが、色々な問題が露呈してくる。鈴木書店の場合はたまたま組合ができたこととクロスしている。何とか七〇年代は過ごしたが、八〇年代になると労使の問題が大きく浮上してくる。見かけの売上は何とか維持していても、減益構造に陥っているから、金が回らなくなってくるし、それで会社のほうも暗くなってしまった。会社の低成長期と組合問題がぶつかってしまった悲劇のようなところもある。これはうちだけじゃなくて、筑摩書房や白水社も同じでしょうけど。

――同時期には紀伊國屋、書泉、旭屋、弘栄堂などの書店でも組合問題が起きている。

小泉　まさに前後しているね。それに日書連の正味引下げ要求問題が起き、重なっている。

35 正味問題と書店スト

――そうですね。書店ストでターゲットにされた出版社は鈴木書店の主要な出版社ばかりだった。これももはや四十年以上前の出来事なので、このシリーズでいつも参照している『出版データブック1945－1996』（出版ニュース社）の七二年の「社会問題にまでなった〝書店スト〟起こる」を引いておきます。これは出版業界の「10大ニュース」のトップに挙げられている。書店の側からはこのシリーズ5『本の世界に生きて50年』の能勢仁さんの証言がありますので、それと合わせるとさらに立体的になるでしょう。

わが国の出版史上、未曽有の大事件と騒がれ、〝ブック戦争〟と社会問題にまで発展した書店ストが、九月一日から一二日までの一二日間展開された。春以来協議が続けられていた日本書店組合連合会（略称・日書連）と、日本書籍出版協会（略称・書協）の正味問題をめぐっての話し合いが決裂、日書連が一部出版社の商品を取扱わないという実力行使に突入したためである。

人件費の高騰などにより、経営難を訴える小売書店側の手数料引上げ要求にはじまったこの紛争は、結局、小売書店の取り分を二％アップしたことで決着がつき、一二月一日以降の新刊・重版から新正味制に移行した。

六八年頃から出版界の景気は停滞、売上げ鈍化の出版不振の背景がこの書店ストを長びかせた直接の原因ともいえるが、複雑な出版界の〝お家の事情〟を浮彫りにしたものであった。

小泉　これは鈴木書店とその主たる取引先出版社を直撃した一件で、今思っても感慨無量なところがあります。

高度成長が終わり、不況になってきたところで、正味問題が吹き出してきた。これは取次も似たようなものだったけど、書店も成長期には本も売れ、店も大きくし、人も雇った。ところがマージンはいつまでたっても低いままだから、人件費も上げられない。だから出版社は正味を下げろという要求だった。それに世の中の様々な動きが相乗していた。

――ブック戦争に関する取次の側からの証言はほとんど残されていないと思いますので、率直なところ、どう見られていたのかをお聞かせ下さい。

小泉　そうだね、あれだけ出版社と書店がぶつかったのは初めてだったと思う。当時の私の心境からすると、高正味問題では書店と同じ立場だったから、書店側の気持ちがよくわかっていた。それこそ歩戻し問題はともかく、売買差益から生じるマージンしかないのに、売上の伸び率が止まってしまえば、それも減っていくしかないことは目に見えていた。その構造は取次も変わらないし、鈴木書店もそうなるとわかっていた。

ところが出版社のほうはどうかというと、そういった書店の構造がまったくわかっていない。それなのに未來社や白水社の社長が出てきて、文化問題を絡めて持論を展開してしまった。もう少し遠慮すればいいと思ったほどで、だから書店側から余計に反発をくらってしまい、それは鈴木書店に直接跳ね返ってきた。未來社や白水社を始めとして注文がまったくストップしてしまった。

――目に見えて売れなくなったわけですね。

小泉　そうなんだ、鈴木さんも本当に困っていたよ。注文がまったくこなくなってしまったわけだから。それで出版社の社長たちも内心あせり出して、鈴木さんのところに相談にきていた。

書店を回ってみると、補充をしないどころか、その出版社の本のところに幕を張って隠しちゃうとか、棚から外してしまっているところもあって、不売運動を目の当たりにした。これは出版社にとってはたまらないと思ったね。

岩波書店の『世界』も大打撃だった。戦後に創刊した『世界』の売れ行きのことはまだ覚えているけど、確か四万部発行していた頃に鈴木書店は一万部ぐらい扱っていた。発売日には朝から書店が並んでいて、二、三十人は必ずいたね。それで三森さんが五部とか三部とか分けていた。そんな時、部数がもっとほしい書店は煙草とか酒を持ってきておいていくんだよ。

ところが時代が変われば変わるもので、『世界』も不買の対象になってしまったので、三分の一の三千部だったかに落ちこんでしまった。

36 ブック戦争とその後の変化

―― 書店ストの効果は上がり、その結果二％の正味ダウンはあったわけですが、書店のこのような団体実力行使は独禁法違反だという公取委の見解が出され、それ以後日書連は一致団結的な全国的盛り上がりを体験することはなかった。まさに最初で最後の実力行使だったともいえる。

ところがこのブック戦争はとても象徴的意味があり、やはり出版業界と時代の変化を予告していたことになります。まず時代のほうからいいますと、オイルショックが起きて高度成長期が終わり、工業社会から消費社会へと離陸し始める。その消費社会は車と郊外を伴侶のようにして成長し、郊外消費社会を出現させていき、コンビニ、ファストフード、ファミレスなどの新しい業態のビジネスを誕生させ、またその他の業種をも次々と郊外型へと転換させていく。次に出版業界のことを挙げてみます。

＊八重洲ブックセンターなどの大型書店の出店
＊講談社文庫創刊に始まる第三次文庫時代
＊コンビニの出現と雑誌販売
＊三省堂と筑摩書房の倒産
＊三洋堂書店が初めての郊外店出店
＊メディアミックスの角川商法

それこそ主だったものを挙げただけですが、これがすべて七〇年代に起きているわけです。

37　鈴木書店の赤字化と郊外店ラッシュ

小泉　こういう現象と出来事をかたわらにしながら、鈴木書店は七〇年代後半から八〇年にかけて、ほぼ赤字の道を突き進んでいったんだね。鈴木書店のような取次にとって、マイナスの要素がそこら辺で集中して出て、もろにぶつかってしまった。

――私の郊外消費社会論の文脈でいいますと、何よりも象徴的なのは神田村の名称に表れているように、出版業界は小さな村社会に他ならなかったし、今では同じ村でももっと縮小してしまった。ところが書店市場はどんどん郊外に移り、村から郊外へというのがパラダイムだった。ところが出版社も取次も神田村のパラダイムのままであり続けていた。つまり出版社と取次は近代のままなのに書店だけが立地や内実も含めて現代化してしまった。そこで問題なのはこの現代化というのが運営も含め、もどきであったことで、他のビジネスの場合、郊外化するに伴い現代システムを導入することによってその成功がもたらされたわけです。ところが出版業界の場合、近代出版流通システムのままで、書店市場が現代化してしまったことに問題がある。これが八〇年代の本格的な郊外店出店ラッシュの時代になって、様々な問題を生み出していくことになる。

小泉　つまり根本的な改革をせずにそのまま継続したかたちで、大出店時代を迎えてしまい、それがそのまま現在につながる大閉店時代の幕開けだった。

――その時代における書店状況はどうかというと、低成長期に入り、ブック戦争のようなことではなく、正味構造などの改正をすべきだし、再販問題に関する公取委の見直し意見を出され、それこそ近代出版流通システムから現代出版流通システムへの移行しなければならない時期に入っていた。しかしその矢先に郊外店の出店が始まり、八〇年代の出店ラッシュとなり、それまで出版業界がまったく経験したことのない書店の出店と閉店のダブルのラッシュを迎え、それは今でも本当に続いているわけです。

私見では鈴木書店の倒産もその流れの中で起きたものだと見ています。それでお聞きしたいんですが、出版社の側から考えると、鈴木書店の状況がおかしくなったのではないかと感じられ始めたのは九〇年代半ばでした。それまで低かった返品が急に上がり始めた。

小泉　それは鈴木書店自体の問題もあるけど、出版の変化に巻きこまれてしまったことが大きい。これはすでに話してきたように、以前は出版社の重版をベースにして、取次としての鈴木書店が成り立っていた。それは取引先の出版社もしかりです。

ところがその重版やロングセラー商品の売れ行きが落ちてきて、それをカバーするために出版社は新刊点数を多く出すようになってきた。それこそ筑摩のように文庫や新書を創刊するところも出てきた。その結果、新刊点数も増え、また単価の安いものも増えてきた。重版やロングセラーは客注や常備品に近いものだからほとんど返品にならなかったが、新刊は当たり外れが極端だから返品率がどうしても高くなってしまう。そういう新刊ラッシュ状況の中に鈴木書店も完全に巻きこまれてしまった。

38 新刊点数と返品率の上昇

―― ちなみに新刊点数ですが、八〇年代が三万点台、九〇年代から九九年にかけてが四万点から六万五千点、二〇〇〇年代に入ると七万点を超えるようになります。途中でカウント方法が変わっていることを考慮しても、八〇年代に比べて九〇年代は倍以上になっている。

小泉　人文会に属する出版社のほとんどが、売上を維持するために自転車操業のように新刊を出すようになった。重版とロングセラーで定評のあったみすず書房でさえも、新刊依存度が六割を超えたといっていた。

――それは筑摩もそうだったんじゃないかな。つまり重版率が下がり、新刊率が上がり、返品率も上がっていくというスパイラル状態に出版社が陥っていた。

小泉　鈴木書店の場合、従来の全体の返品率は一三、四％だった。それはひとえに短冊注文が多かったからで、新刊だと二〇％を超えていたが、それが三〇％を上回るようになってしまった。その原因をチェックしてみると、軽薄短小の本を出す出版社が増えてきたことで、それが新刊の返品率の上昇につながってしまった。

――それでも東、日販の返品率に比べればまだ低いほうで、現在では四〇％前後になっている。雑誌だって同様ですから。

東、日販の場合、返品率が高いと歩戻しを含めたペナルティの問題が生じるはずですが、鈴木書店にはそれはなかったんですか。

小泉　鈴木書店にはなかった。それは神田村の小取次の暗黙の了解で、一時的なものはあったかもしれないが、恒例となってしまう処置はとられていなかった。そこが出版社にしてみれば、神田村の小取次の意味とメリットであったわけだから。

――この際ですからお聞きしますが、書店の閉店は八〇年代から始まり、九〇年代がピークで、それは二〇〇〇年代に入っても続いていて、累計で三万店ぐらいが閉店しているはずです。七〇年代に書店は二万三千店とされていましたから、それを上回る膨大な数になり、しかも七〇年代まではほとんど閉店はなかったことからすれば、それが与えた影響は取次が最もダイレクトに受けていると思う。

そういう状況の中で、鈴木書店は赤字から倒産へと追いこまれていったわけですが、東、日販だってものすごく影響を受け、以前とは異なるコスト高になったのではないか。しかも書店の新規出店における長期の開店口座問題というのもありますので。

小泉　これは小出版社から見て、大手出版社の手の内が見えないのと同じように、鈴木書店のような専門小取次から、東、日販といった大取次の台所事情はよくわからない。でも構造は同じだから、苦しい目にあってきていることだけはわかる。

それに倒産には至ってしまったが、鈴木の取引先の閉店というのは少なかった。でもそれでも苦しくなっていたことからすれば、これで大量閉店でもあったら、もっと早くつぶれていたでしょうね。それを考えると、他の取次は現在までよくサバイバルしてきたといえるのじゃないか。ただそれがどこまで続くのかが問題だけどね。

大量出店と大量閉店のこともさることながら、取次の身になってみると、書店の支払い率のことも気になる。膨大な閉店のことを考えても、全部がきちんと精算されたはずがないし、不良債権だって膨大に発生したにちがいない。

それから今残っている書店だって、すべてが支払い率がよいとは限らないし、取次に相当な買掛金を残しているんじゃないか。

――鈴木書店はそこら辺はどうだったんですか。それこそ夜行で集金旅行にいくような状況ではなくなっているにしても、やはり集金は大変なことに変わりはありませんから。

39　統一正味の導入と歩戻し

小泉　これは丸善を例に挙げると、最初に統一正味にしたんです。一九八七、八年だったかな。それまで丸善は本店と支店が別々に払っていて、支払いの悪い支店もあった。それを解消するために色々と話し合い、それでこちらは統一正味を導入し、丸善は一枚の小切手で全店分を支払うということにした。それで集金と計算の仕事は楽になった。ただ鈴木書店にとっての旨味は別だけどね。

——その丸善の統一正味が最初だったんですね。

小泉 当時は丸善も売上がすごく伸び、効率化もめざしていたので導入されたという経緯がある。経理における計算に関してはこれほどの省力化はないわけで、丸善はそれをすぐに他の神田村の取次や日販にまで実施するようになった。この丸善の動きがきっかけになって、統一正味というのが拡がっていったことになる。

——なるほど。鈴木書店と丸善の取引が統一正味の走りなんだ。

小泉 そういうことです。

——でもこの話は初めてうかがいましたが、統一正味問題が八〇年代の出店ラッシュの大きな布石になっているとわかる。それでないと経理上の問題からいってもあれだけの大量出店はできなかった。それに反して、大量閉店のほうは統一正味でない中小書店も多かったはずで、こちらの処理はそれなりに大変だったのではないか。

もうひとつ重要なことですが、その統一正味の導入と歩戻しの関係はどうなっていたんでしょうか。これは『日本出版取次協会二十年史』の中にも出てきますし、私も『出版業界の危機と社会構造』（論創社）に引用しておきましたが、栗田確也は歩戻しが取次にとって将来の癌になるという意味のことをすでにいっています。

小泉 東、日販は年四回歩戻しをやっていた。それは三、六、九、十二月で、例えば、一、二月の支払いが悪くても、三月に多くを支払えば、その入金に見合って歩戻し報奨金が取次から書店に返ってくるというシステムだから、鈴木書店には影響が出たね。とにかく三、六、九、十二月は東、日販への支払いが優先されるから、こちらには支払いが悪くなる。本来の仕事である書籍の取次業務なら負けることはないのに、そういうシステムではとてもかなわない。

―― 結局のところ、鈴木書店は流通の仕事では勝っているのに、取次のもうひとつの機能である金融業務では負けてしまっていることになるわけですね。でもこの歩戻しは戦後の集金旅行に象徴される書店の支払いの悪さに対して、人参をぶら下げるようなかたちで導入されたもので、私見によれば、再販制とセットになっている。つまり両者ともすでに時代にマッチしないシステムだと思うし、栗田がいったように取次にとっても重荷になっていることは間違いないでしょう。

小泉 それはまさにそうだね。当時の書店の売上規模は年商五千万円クラスが十店もなかったくらいだから。それが紀伊國屋や丸善は年商一千億円の売上高を計上するようになった。

——つまり歩戻しも単純にいうと二千倍になっているわけで、書店の売買差益による利益よりも大きな財源になっている。だから資本力のある大書店と中小書店の差は開くばかりで、小泉さんがいわれた比喩ではないけれど、中小書店は販売力で勝っても、大書店に資本力で負けてしまう構造を加速してしまっている。

小泉 鈴木書店も含めて神田村の専門小取次は歩戻しを導入せずにすませていた。その出し統一正味ははっきりいってしまうと、大体七六から七七です。ところが東、日販の場合は統一正味と歩戻しに加えて、さらに運賃負担などの様々な調整を施し、取引条件を書店にとって専門取次よりも優利なように進めていった。だから大書店にしてみれば、東、日販と神田村の取次との取引条件の格差は開くばかりだったと思う。でもこれ以上歩戻しまで要求されたら、何のためのサービスが行き届いた専門取次なのかわからなくなってしまうから、そういう方針でずっとやってきた。

40　紀伊國屋とのトラブル

――おそらくその延長線上に開店口座の優遇処理というのも出てきたんでしょうね。これは今でも本当のところは明らかにされていませんが、今では大手書店の開店の場合、七、八年は開店在庫の支払いが猶予されると伝えられていますから。

小泉　そう考えて間違いないね。それらの取引条件のことに関しては色々なことがあった。これはあえて実名を挙げるけど、紀伊國屋が東販からリクルートした人間を仕入れの責任者にすえたことがあった。これがいかにも大手取次の中枢にいた官僚的にして権威主義的な男で、私を呼びつけて、鈴木さん、正味が高いから下げてくれないかと要求してきた。そこでうちの場合は取引先の出版社の正味が高いところばかりですので、下げることはできないし、その余地はないとはっきりいったわけです。ところがその男は下げろの一点張りで納得してくれない。今でいったら優越的地位の乱用といった感じの交渉ぶりだった。

そうしたら鈴木真一さんが怒ってしまって、だったら紀伊國屋との取引を止めるといい出し、岩波書店や東大出版会や未來社などにもそのことを伝えてしまった。後に起きる大学生協との問題の時にはそこまでいわなかったけれど、紀伊國屋の時には強硬だった。東販からきた奴がそんなことをいうのは専門取次として納得できない、それなら取引してくれなくても結構だとそこまでいってしまった。

――鈴木さんの面目躍如といったところですが、緊張の一瞬だった。

小泉　そのことを未來社の西谷能雄さんは鈴木さんから聞かされていたわけで、これからは推測になるんですが、西谷さんがそれを紀伊國屋の松原治社長に話した。鈴木さんからこういう話を聞いたけど、それは本当かと。そうしたら、松原さんはそれは申し訳ないことをした、そういうことを鈴木さんにいうべきではないし、すぐに撤回させますと答えた。それからすぐ鈴木さんのところに使者がきて、大変申し訳ないことをした、そんなことをするつもりはないし、ご安心下さいと伝えた。これで正味引き下げ問題は、一応の終わりを見た。

――でもこれが鈴木書店にとって良かったのか悪かったのかは難しい判断ですね、あくまで今から思えばの話ですが。

小泉　今から思えばということになれば、取次の鈴木さん、紀伊國屋の松原さん、未來社の西谷さんの関係の信頼があって、そういう解決を見たのであって、この時代までは大小は別にして出版業界の仁義というか、バランスシートがそれなりに保たれていたとわかるような話です。

紀伊國屋から後で色々と聞くと、そこまでしなくても紀伊國屋は大丈夫だし、鈴木書店には自社刊行の出版物で世話にもなっているし、松原さんも鈴木書店には一目おいているので、鈴木さんを困らせることはよくないという結論になったようなんだ。部長の田辺礼一さんも鈴木書店の味方を随分してくれたようです。

――それは鈴木書店が専門取次として認められていた時代のエピソードということになりますね。

でもその一方で、八〇年代の郊外店出店ラッシュ時代を迎えると、取引条件も含め、専門取次はスポイルされていくことになる。それは郊外店は大型化していったにもかかわらず、メイン商品が雑誌、コミック、レンタルで、本のほうはサブになってしまう現象が起きてくる。かつてであれば、大型店化すればするほど、書籍の充実がスローガンであったけれど、そうしたコンセプトはレンタルの第三次商品にとって代わられてしまった。

鈴木書店の場合、ＣＤやビデオレンタルを兼ねた複合店との取引はあったんでしょうか。

小泉　いや、それはまったくない。

41　日本の出版流通の問題

——そうでしょうね、鈴木書店が複合店と合うはずもないし、複合店の客層はどうしても若いから、それに見合った商品構成になる。だから専門書は必要ではない。

小泉　それにあれだけの出店ラッシュになるということは一種の帳合戦争でもあるから、取次はできるだけ一社で固めたい。できなければできるようにする。それで第三商品も導入され、間に合うようにした。これが実情でしょうね。

——そこであらためて日本の出版流通の問題が出てくる。日本の特殊性というのは雑誌の上に書籍が乗っている構造だから、書店というよりも雑誌店の色彩が強く、それが郊外店化でさらに明らかになってしまった。そのために鈴木書店と帳合を開いても、新規出店はできない。東、日販のどちらかに鈴木書店がプラスするかたちでしか成立しない。これは本当に書籍だけ売って成り立つ書店がほとんどないという日本の歴史的な出版業界事情もありますが、これも鈴木書店にとって良かったのか悪かったのかわからない。もし逆に店一軒を引き受けることができていたら、またちがった展開もあったのかもしれない。

小泉　その問題を話していくときりがないけど、鈴木書店の場合は書籍流通を見極め、それに則って取次をやってきた。ところが東、日販の場合、雑誌流通をモデルにして書籍流通も組み立てられているから、書籍の適正配本などはまず無理だという前提がある。我々のような取次の人間はそれをわかっているが、出版社はまずわかっていない。

書籍の適正配本をと十年一日の如く唱えている出版社は東、日販の現場を知らなすぎると思う。一日に三、四百点の見本がきて、それを適正配本しろといったって、そんなことはできるはずもない。一週間ぐらいあそこの現場で働いてみれば、それがよくわかるはずだが、出版社の人間はそういった現場を理解していないので、机上の空論で適正配本などといっている。

そうした委託制に基づく書籍流通の不備もさることながら、その前提となる読者と書店に対する新刊情報の告知、書店の注文に対する希望通りの出荷体制、パブリシティと書評のきちんとしたシステムなどの整備が必要で、取次の流通は本を運ぶだけの機能に特化するぐらいでないといけないと思う。それとやはりマージンの問題だね。

――でもそうした役割をいささかでも担っていた出版梓会の『出版ダイジェスト』す

らも廃刊になってしまう時代を迎えてしまった。

小泉　それは費用対効果が発揮できなくなったことだし、取次のマージンも今のままでは無理になっていると、東、日販の状況を見ていて察してしまう。

――　そうすると現在残っている専門取次もサバイバルが困難な状態になっているということですよね。

小泉　いや、それでも自分のところで扱う分野の商品をきちんと守っていれば、まだ生き残っていけるのではないかとも思う。それらが全部なくなってしまえば、基本的に書籍流通の範というのは消滅し、その根幹が崩壊することになってしまうから。

しかし問題なのは現在の専門書出版社はどこも経営が厳しいから、点数を出さざるをえない。それが取次の配本に跳ね返っている。総論では返品率を下げろといっていて、各論では新刊点数が増え、返品率を上げる構造のままだ。取次の総量規制にも増して、出版社がもう少し点数をしぼり、量から質へと転換するべきだろうね。もちろん言うは易く、行うは難しを承知しているが、でも専門取次の立場から見れば、それが理想ですね。

――　小泉さんが鈴木書店を辞められた時、同じような取次をやらないかという話が持ちこまれませんでしたか。

小泉　それはありましたよ。でも鈴木書店みたいなタイプはもう無理だといったの。現在のような返品率を覚悟し、仕入れて販売するというシステムはまず資本として十億円ぐらいが必要でしょう。そうでない出版社が参加した取次で、各社の在庫を倉庫として預り、コンピュータによるシステム化を図り、東、日販に流していくやり方を採用しても五億円ぐらいはかかる。それなら二、三百社の本はおける。しかし今のような出版社の状態だと、その資本が出せるところは少ない。それに前提として流通も販売もかなり組織し、そこが売上の半分以上は稼ぐようにしないと難しい。まして書店のナショナルチェーンの寡占状況、アマゾンなどのネット書店問題、電子書籍の行方も含め、取次の方向性も定まっていないのだから。

とりわけ出版社の流通と販売に関する理解が必要となるけど、それは鈴木書店でも困難であっただけに、それほど期待はできない。

だから後藤君たちが立ち上げた鈴木書店の東京エリアだけを対象にするＪＲＣ（人文・社会科学書流通センター）のようなミニ取次が最良の選択ということになるだろうね。

42　取次の限られた選択肢

――　ということは取次のこれからの選択肢というのも限られているということですか。

小泉　今のような流通システムである限りそうだろうね。我々も取次同士の会合を多く重ねてきたわけだけど、話の中身はずっと変わっていない。書店の利益が販売差益にしかないことと同様に取次も基本的にはマージンが決まっているから、極端なことをいってしまえば、百万部のベストセラーが何点出ても、取次には何の利益ももたらすことはない。だから談合もないけど、自然災害、人災も含めて、本というものはかなり事故に巻きこまれたりするので、共通の話はいかに損をしないかという話ばっかりになってしまう。その集約的な話が今回の東日本大震災の被害をめぐって出てきたと思うね。

――　つまり前向きの話は出てこない。

小泉　そう、生産的ではない。

――　やはり取次もまた出版社、取次、書店という上意下達システムの構造から抜けられないことを意味しているんでしょうか。

小泉　でも書籍出版社の最大の事業者団体である書協（日本書籍出版協会）がきちんとした取次や書店に対する見解を持っているかどうかは疑わしい。

——それはものすごくよくわかります。例の消費税の内税の一件で身に沁みていますから。『翻訳権の戦後史』（みすず書房）などの宮田昇さんだといわれている出版太郎の『朱筆』で、書協は単なるリロンではないかと書いていますが、当たっているように思える。

小泉　戦後になって出版社の団体としてまず梓会がつくられ、書協はそこに属する出版社が中心になって結成されたこともあって、政党じゃないけど、派閥があり、老舗の集まりの梓会の出版社の発言力がすごく強い。おおよそここの発言で決まってしまう。新規に入った出版社の発言なんて相手にされない感じだ。だから書協の決定もそこで決められたことが採用されている。つくづく出版社も人間の社会だと実感したことも多々ありますから。

——しかしその書協の根拠なき消費税の内税決定によって、出版業界はとんでもない損害をこうむったのに、何の説明責任も果たしていない。本当に無責任極まりないと思う。

小泉　ただ鈴木書店の場合、他の取次のように全部の入れ換えはしないですんだ。それは出版社とも書店ともよく話し合い、シール貼りも含めてできるだけ無駄のないかたちで徐々に入れ換えていくやり方をとったからで、鈴木書店規模だからできたのであって、東、日販ではとてもできない。一律に処理するしかないこともよくわかります。

――しかし先ほど紀伊國屋の正味引き下げ要求をめぐって、鈴木書店、紀伊國屋、未來社の経営者たちの話し合いによって解決を見たエピソードを話してもらいましたが、これは三者の相互理解の立場を示している。ところが現在ではそうした三者の相互理解の姿勢というものがまったく失われてしまった。それがものすごく問題じゃないんでしょうか。いってみれば、相互理解は愛情があるから成立しますけど、愛情がなければ成り立たない。もはやそんな段階まできてしまっている。

43　バブル本出版と編集者の不在

小泉　あなたの分析によれば、現在の出版危機は日本だけの異常な現象で、欧米の出版業界は同じようにネット販売、書店の苦戦、電子書籍の影響はあっても、この十数年伸び続けてきたという。それならば、どうして日本だけ本が読まれなくなり、売れなくなったのかについて、出版業界は掘り下げて考えていない。

それは出版社が長年にわたって編集者を育ててこなかったし、質の高い本を刊行することを考えずに粗製乱造的にバブル本を出し続けてきたことに尽きるような気がする。私も長年出版業界にいて多くの出版社を見てきたけれど、昔からみたら編集者がとても少なくなってきているどころか、もはやいなくなったんじゃないかという感もある。

聞くところによれば、大手出版社の編集者は自分で企画編集せずに、下請けプロダクションに仕事を丸投げ発注し、それらを仕切る仕事に専念しているともいう。そうなるともはや編集者というよりも単なる中間管理職にすぎず、会社の要求する点数を下請け任せで出しているだけになる。新書や文庫などのペーパーバック現象がそうした動向を反映しているのはわかるが、これでは読者のみならず、取次や書店だって迷惑するし、何のための流通や販売なのかということになってしまう。

それでいて売上が減ったといっているのは自業自得で、まず出版社が猛反省し、改善しないと何も解決しないと思う。

――その話に関連して、この頃読んだ旅行ガイド雑誌の編集の話をしますと、かつては旅行のガイドにしても編集者が直接取材し、それを掲載していた。ところが次第に宿泊料などのデータを確認することから掲載する旅館と慣れ合い関係になり、掲載原稿を事前に見せるようになり、求めに応じて修正するようになった。そのうちにクレームを恐れ避けたいので、旅館のいうがままに記事を書き、それを掲載する。それが現在の大半の旅行ガイド雑誌の編集の実情だという。このような編集の原則が失われ、劣化してしまったのはすべての分野に及んでいるはずで、これが根本問題なのかもしれません。

小泉　まさにそうですね。それと人間はやはり読書をしないとマイナスだということを子供たちにわからせないといけない。人生において読んだ人と読まない人は根本的にちがってくることを知らしめるべきで、これを強制ではなくて伝えることができれば、本当にいいんだけど。

――あらためて荒地の開墾に挑むみたいな感じですね。

小泉　でもそうやって種をまき、苗も植え、育てていかないといけない。そうなると今の出版業界が立ち上がった明治の頃に戻ってしまうような心境になるけど。それを本当に出版社、取次、書店の三者で考えなければならない。

現在の世の中のこと、日本という国のこと、小中学生とその学校教育のこと、それらのことを考えると、どうしても知的創造力に結びつく読書の必要性を痛感する。そしてそういう方向性に社会が進んでいけば、必ず本の売上は増えていくと思うんだよね。いい年をして青臭いことをいうのも何だけど。

――いえいえ、まさに正論だと思います。

第Ⅴ部

44　鈴木書店の衰退

――さてそれらのことはともかく、これまでは鈴木書店の立ち上がりと成長の面について語って頂きましたが、これからはその衰退の場面をうかがわなければなりません。なかなか言いづらいところもあるでしょうが、よろしくお願いします。鈴木書店の衰退というのは出版業界の危機とパラレルに起きていて、それはやはりこの危機を象徴しているように思えるからです。

とりあえず先に出版社のほうから見ていた鈴木書店の状況をラフスケッチしておきます。そのほうが小泉さんも語りやすいでしょうし、色々なことが想起されると思いますので。

小泉　そうしてもらえると有難いね。

――これは一般的にあまり知られていないけれども、鈴木書店は返品があっても、出版社から帯やカバーを取り寄せ、改装、ローリングまでしてくれていたので、出版社にはすごくメリットがあった。それがまた返品率の低さにつながっていた。

小泉　それをやっていたから、新刊の返品率も二〇％前半で押さえられていた。それが文庫や新書が多くなって崩れ始めた。いくらローリングするからといって、文庫や新書の面倒まで見ることはできない。それで返品率も上がり始め、社内の会議でも具体的に文庫や新書の配本を減らすことが話し合われるようになってきた。

――これは前にも話しましたが、一九九五（平成七）年頃になって鈴木書店の返品率が急激に上がり始めた。各出版社をヒアリングしたわけではないけれど、これはほぼ取引先出版社に共通していた。とりわけ新刊に関しては五〇％を超えるものも出てきて、これでは東、日販と変わらない状況になってきたと溜息をつくような感じだった。

その一方で、鈴木真一さんが亡くなった。これも九五年だった。だから奇しくも鈴木書店の危機は創業者の死と返品率の上昇によって、一気に吹き出てしまったようなところがあった。

小泉　それを補足すると、確かにその年に一気に吹き出してしまった側面もあるけれど、その前から衰退の兆候は至るところに出ていた。専門書が売れなくなってきたこと、エンターテインメントの増加、文庫新書のシェアの高まり、それらによる売上の低下、経費の増加、返品率の上昇などが加わり、それに組合問題もあった。

社内で労使の対立が十年以上続いてしまった。それは鈴木書店の経営陣が組合や労務問題をきちんと処理できなかったことに原因があるわけで、それはプロの経営者の領域に至らないと駄目だと思ったね。鈴木さんはそういうことに向いていなかったし、戦後一貫して追い風が吹き、売上も順調に伸びてきたから、それまで経営計画もいらなかったし、仕事をすればよかった。ところがそういう時代が終わってしまったことを直視しなかった。

おそらくどんな企業であっても、二十年以上も同じ方針で経営するというのは無理なんで、やはり社会や環境も変わっていくのだから、成長の後に否応なくやってくる成熟と衰退期をどのように迎えるかの戦略が必要だった。それが鈴木書店の場合は組合問題も含めてまったく欠けていた。

——出版業界の場合、成長期ではなくて成熟、衰退期に組合問題が起きていることも特徴のように思われますが。

小泉　そのことも随分影響しているね。経営が組合の対応に慣れていなくてずぶの素人だった。それは筑摩書房も平凡社も同じようなところがあり、私も含めて鈴木書店の役員にも恥ずかしながらその能力が欠けていた。

正直いって、組合との年二回の団交が憂鬱で仕方がなかった。組合との交渉の数字にしても、鈴木さんの基本的に太っ腹な性格は変わらないので、他にやるわけではなく、うちの社員にやるんだからいいじゃないかという感じがあり、役員も組合もそれにぶら下がっていた。だから鈴木書店全体がぬるま湯だったんですよね。

45 鈴木さんの死と葬儀

――その鈴木真一さんが突然亡くなってしまった（一九九五年）。その死は全国紙でも伝えられましたが、ここでは出版業界紙『新文化』の訃報記事を引いておきます。

（すずき・しんいち＝鈴木書店代表取締役会長）9月12日午後0時2分、急性心不全のため、千葉県浦安市の浦安順天堂大学病院にて死去、84歳。通夜は9月14日午後6時から、密葬は9月15日午後1時からいずれも葛飾区新小岩3-2-15の自宅にて営まれる。また、社葬は安江良介岩波書店社長が葬儀委員長となり、9月28日午後1時から文京区大塚5-40-1護国寺桂昌殿にて執り行われる。喪主は妻まつの氏。

明治44年、愛知県生まれ。昭和2年、栗田書店に入社し、目利きの取次人、栗田確也の薫陶を受ける。戦時中は一次元取次機構「日配」の書籍課長に就任したが応召。敗戦後、復員として一時期友人と社会科学書専門取次の中央図書を経営したのち、昭和22年12月、鈴木書店を創業、以後、注文品迅速調達の専門取次として、全国の有力書店や自ら開拓した大学生協書籍部を得意先に、人文・社会科学書の販売に尽力した。

小泉　本当に突然だった。でも幸いなのは鈴木さんが八四歳で大往生だったことだ。前の日まで元気に働いていたからね。

――急性心不全だと聞いていますが。

小泉　その前日には岩波ブックセンターの柴田信さんとお茶を飲んだり、その後神保町で人と会ったりもしていて、ずっと元気だった。それが急に亡くなってしまった。明治生まれで働き続けてきた人に見られる死に似ているね。自分に偽りなく正直で生きてきた人にふさわしい死に方で、私もそれにあやかりたいと本当に思っていますよ。

――そういえば、先日日本古書通信社の八木福次郎さんも九六歳で亡くなり（二〇一二年二月八日）、八木さんも神保町の生き字引と呼ばれていましたから、出版業界に通じた人たちが次々と鬼籍に入り、その歴史を語れる人が少なくなっている。実は二週間ほど前に八木さんへのインタビューも頼まれ、その準備もしなければならないと思っていた矢先に亡くなってしまったことになる。

それはともかく、鈴木さんの死に戻ると、小泉さんが葬儀の責任者だったわけですよね。

小泉　鈴木さんが亡くなったのが九月十二日で、葬儀は二八日だったかな。私も鈴木さんの死のショックで、魂が抜けたみたいになっていたけど、社長の宮川良二さんに葬儀を仕切れといわれ、引き受けざるをえなかったわけだ。

でも鈴木さんが死んだと聞いた時から、もうがっくりきてしまって、鈴木書店はこれからどうなっていくのかと自分なりに心配し、そのことをずっと引きずっていたので、その半月あまりのことは記憶があまり定かではない。色んなことがあったけれど、そんなに覚えていないし、それはいまだもってそうなんだ。でもできるだけ思い出してみます。

――この際ですからよろしくお願いします。

小泉　鈴木さんの死は業界紙はもちろんだけど、全国紙にもすべて出てしまった。だからかなり知れ渡っていたから、葬儀もどのぐらいの人がくるのか一応予測をしたわけで、出版社が四百人、書店が二百五十人、生協が五十人、これに掛けることが二、三倍かなと踏んでいた。

それで葬儀をどこでやるかということになって、護国寺に決めた。それは鈴木さんが亡くなる一週間前にやはり明文図書の関通夫社長が亡くなり、護国寺で葬儀が営まれた。それに鈴木さんがいって、護国寺がすっかり気に入ってしまい、いいところで関さんは葬式をやった、自分もこういうところでやってもらいたいということを繰り返しいっていた。その鈴木さんの言葉を受け止め、護国寺に決めたわけです。

ところが護国寺の場合、キャパシティが心配だった。通常千二、三百人、多くて千五百人で、それ以上だと収容が難しい。それが当たってしまって、弔問客は二千人に及んでしまった。それは自宅での密葬のお通夜の時に五百人もきてくれたことから、ずっと予感していたけど、適中してしまったことになる。

――さすがに人数を数えたわけではありませんが、すごい人数だった。あんなに人文書出版社が顔を揃えたことは前代未聞だったかもしれませんね。

小泉　当日は七時からということで、受付は岩波書店を中心にして全部やってくれた。しかし葬儀のほうは私が仕切ることになっていたが、やはり気が回らず、失敗してしまった。護国寺の桂昌殿が葬儀場となっていて、椅子があり、座れるのが大体百八十人で、そこに近親者、東、日販の社長、大手出版社と書店の社長などの主だった人たちに座ってもらえばと考えていた。

ところがこれが失敗だった。そういった経験もなかったから、これらの主だった人たちに桂昌殿に席をお取りしてありますので、三十分前にお越し下さいというアポイントメントを事前にとっておけばよかったの、にそれをやっていなかった。

それで桂昌殿の入口のドアを開けた途端に出版社を始めとする人たちが怒濤のごとく入ってきてしまった。やっぱりみんな外で控えていて、合図があったら入っていこうと思っていたんじゃないのかな。それも知っている顔ばかりならまだしも、大半は見知らぬ顔で、追い返すわけにもいかないし、パニック状態になり、気がついたら椅子は埋まってしまっていた。こうなったらもうどうしようもないよね。

でもよく考えたら、それらの人たちは鈴木さんの魅力、個人的人格に惹かれ、尊敬していたとか、かつて世話になったとかの因縁がある人ばかりで、聞いてみると、九州や北海道からきました、鈴木さんのお顔を見てご焼香だけでもということで、写真を見て十分ほど動かない人もいたくらいだった。そういう人がいっぱいいた。もうやっていないけれども、地方の書店の人も多かったね。

——その葬儀での小泉さんの立場はどういうものだったんでしょうか。

小泉　最初は葬儀委員長をやれといわれていたけど、そういう役割はやはりそれなりの立場の人にお願いするのが筋だと考えていたので、岩波書店の安江良介さんに葬儀委員長をお願いし、引き受けてもらった。それで私は当日の進行係の責任者を務めたことになる。

46　鈴木さんの人望とその生き方

――そうしたいわば、葬儀の仕切り役を経験した印象はどうでしたか。

小泉　やっぱり記憶に残るのは繰り返しになるけど、鈴木さんがみんなからいかに愛されていたかという実感ですね。現役ならともかく、引退した書店や生協の人たちからもそこまで慕われてきたのかというのは予想外だった。それは仕事にしても個人的にしても、鈴木さんの生き方に共鳴するところがあったことの証明なんだろうな。

それは戦後の混乱の出版業界をともに生きたという思いにもつながっている。私なんかは面識はなかったけれども、それらの年輩の方々の中に、戦後のあの時鈴木君はというような話をする人、全国の大学生協を回って、本の売り方を教えてもらったという生協の人、はたきの持ち方から教わり、書店に三十年勤めた人などがいて、出版業界と長い間関係していたけれど、結局残ったのは鈴木さんとの関わり、鈴木書店との関係だけでしたというのを聞いて、本当に感慨深かった。あらためて鈴木さんという人のすごさ、人徳の篤さに驚嘆したね。

でもそういう人格の一端はずっと見てきてもいた。鈴木書店が半世紀以上続く中で、取引先のご不幸も多くあった。出版社や書店に勤めている人もたくさん亡くなっている。鈴木さんはそういう人たちのお通夜や葬式に必ずいっていた。欠かしたことはなかったはずだ。

私もよくつき合わされた。小泉君、明日いくから必ずいろよといわれたけど、取引先に出ていたりして、よく時間に遅れたりしたので、何度も怒られたよ。その時鈴木さんはいった。結婚式は若い時にするから、これからもずっとつき合いができる。だが亡くなった人とはもう一生会えない。お墓参りといってもそんなにできるものではない。だから最後の別れの時ぐらいはちゃんとするべきだし、それを忘れないで肝に銘じておくべきだと。

ところが鈴木さんにはまだその続きがあって、亡くなった人の戒名が決まり、お返しがくる。そうするとその返事を絶対に書くわけだ。それが当たり障りのない文章ではなく、誠心誠意をこめて書く。これだけはとても真似ができないし、取次人というよりもお坊さんみたいだった。

―― それは初めて聞きました、鈴木さんにはそんな仏教家のようなところがあったんですね。

小泉 そうなんですよ。その手紙をもらった人から話を聞いたことがある。その人の息子が大学に受かり、その祝いに友達と単車で旅行に出た。そうしたら、途中で車とぶつかり、死んでしまった。それで葬式を終え、虚脱状態の中から脱け出せないでいる頃、鈴木さんから手紙をもらったっていうんだ。それでどんなに励まされたかと。五枚ぐらいの手紙で、お悔みから始まり、人間の長い一生の中には色々なことがあるので、何とか頑張って下さいという励ましの言葉で閉められていたようだ。

この鈴木さんの葬式に出ることと手紙を書くことは大出版社の人でも小さな書店の人でもまったく同じで、しかも手紙の内容は決まったものではなく、その人の生前の仕事と本人ならではのことを書いている。だから真心がこもっているんだね。それで私も鈴木さんとお通夜や葬式に随分いったことを思い出した。都内のみならず、地方の色んなところにいったし、雨や雪の日もあったし、夏の暑い日もあったけど、どこでも鈴木さんは弔辞を頼まれ、それを嫌がらずに引き受けていた。それも真心がこもっているから、ひどく感動してしまう。そういう歴史が何十年もあるから、これだけの人が集まったのかなと思った。

――人は悲しみの只中にある時の励ましの言葉を忘れないということでしょうね。

小泉 そうだと思う。だから鈴木さんはそれをよくわかっていて、絶えず人も自分も大事にし、人に優しく接していた。それで愛されたんじゃないかと。

それに鈴木書店の長年にわたるポリシーは「信義誠実」だった。毎年正月になると、「愛される鈴木書店から必要な鈴木書店に」という言葉が出されるんだけど、それが変わらぬ基本なんだよね。そういう鈴木さんの仕事に対する気持ちが周囲への戒めになっていた。それに出版社や書店と鈴木書店が取引によって結びつくということ、それを通じて文化に貢献しているということが喜びだったんだと思う。

長々と話してしまいましたが、二千人も葬儀にこられる方々があったのはそういう色々なものが積み重なり、鈴木書店の歴史が営まれてきたことの反映だとも思ったし、葬儀が終わってからも内心で様々なことを考えてしまった。

47　鈴木書店の危機と資金繰り

――でも鈴木さんの死によって、そうした出版業界の関係などは終わりを告げたということなんでしょうね。

そうした鈴木さんの長年のご苦労にもかかわらず、亡くなった頃には危機の兆候が否応なく表れていた。

小泉　それはもう十年前から露呈し始め、毎年数千万円から億を超える赤字になり、累積で十億円以上に達していた。それを黒字に回復するために色々なことを試みていたが、成果は得られなかった。それに鈴木さんは赤字をそれほど気にしていなかった。鈴木さんの人格は申し分ないのだけど、経営ということになると駄目だった。それは我々役員だったものの責任もあることを認めての上ですが。

――これまでも色々と苦労したこともあるから、いずれ回復すると思っていたのでしょうか。

小泉　それはどうかな。でも赤字のことを心配してあれこれいって、怒られたりしたこともある。でもね、小泉君、苦しいのはうちだけじゃないし、出版業界はどこも同じだからという言葉でおしまいになっていた。何やかやいうよりも、一生懸命本を売り、売上を伸ばすことに全力を尽くせということだと判断するしかなかった。とにかく創業者であるオーナーがそういうわけだから、何もいえなくなってしまった。

だがその一方で、毎年決算になると赤字が出て、累積がたまっていく。だから役員会で売上の減少と赤字の問題、組合との関係による生産性の低下、労働分配率の高さなどをいうしかなかったけれど、それが役員会で取り上げられなかった。厳しい話をすると暗くなるからといって、売れている本といった明るい話題が取り上げられ、それで終わってしまっていた。それが現実を直視していないとかいわれればそれまでだが、取次特有の他力本願のようなところも否応なく生じていた。つまり本は出版社がつくるもので、出版社次第で売上の増減は出てしまう。それは仕方がないことだし、売れるものが続けば、業績は回復するという期待だった。

――それもわかる気もしますが、赤字続きで累積も増えていけば、当然のことながらキャシュフローが枯渇してくる。だから運転資金を借りるしかないわけですよね。

小泉　だから文化信用組合か第一勧銀で借りることになる。みずほになる前の第一勧銀には二、三億円の根抵当が入っていたので、ボーナス資金とかいえば、その範囲内では借りられた。それで経理課長の南里潤一君が第一勧銀と交渉していた。実は死んだ人の話にばかりなってしまうが、この南里君が去年交通事故で亡くなってしまった。これがひどい事故で、山梨の高速道路で壁にぶつかり、息子さんが運転していたらしいんだが、奥さんも孫も子供も家族全員が亡くなってしまった。

――そういえば、山梨のほうで大事故があり、乗っていた全員が死ぬという記事がかなり大きく新聞に出ていましたが、あれが南里さんだったんですか。

小泉 そうなんだ、あれが南里君で、鈴木書店が倒産してから、社員に関するいい話は聞いていないけれども、あの交通事故は一番の悲劇だと思う。それこそ鈴木さんが生きていたら、とても気にしたはずですよ。

その南里君が銀行と借入れの話の細かい報告を鈴木さんにする。鈴木さんはそれを聞いて、役員会にはかっても仕方がないから、自分で決めるしかなく、足りなきゃ借りるしかないという結論を下す。それを繰り返すうちに第一勧銀は担保以上の金は貸さないから詰まってしまい、それよりも金利が高い文化信用組合にいくようになってしまった。

最初のうちは鈴木書店の名前もあるので、短期貸し付けで五千万円ぐらい都合してくれたわけだ。ところが次第に返せなくなり、それが利子があるから次第に借入金が増えていった。それがいくつかの出版社にも伝わってしまい、鈴木書店もかなり苦しいんじゃないかという噂が出回り始めた。

そのうちに文化信用組合からも担保を要求されるようになり、結局のところ借りられるところがなくなってしまった。それで次なる手を考えるしかなかった。私は仕入部長の立場にあったから、毎月二十日頃に各出版社の請求書を見て、親しい出版社に注文品支払いの三割ぐらいのカットをお願いして、五千万円ほどをジャンプした月もある。でもこれは毎月できないわけですよ。それは鈴木さんに逐一報告しながら処理してきたことになる。

48 実現しなかった組織改革

―― そこまできても鈴木書店の組織の具体的な改革の話は出なかったわけですか。

小泉 当時の組織的構図としては代表権を持つ会長が鈴木さん、同じく社長が宮川さん、それで私が取締役仕入部長だった。それで鈴木さんから社長の次のポストになる販売本部長に就任しろという声がかかった。だから引き受ける前に仕入部長の立場から改革案を出し、課長、部長クラスにかなり厳しい提案をした。

するると私がいない時に社長以下が揃って、小泉の改革案はとても受け入れられないとつぶしにかかり、結局実現に至らなかった。それは取引条件の見直しを含んで出版社にも直接波及する骨子だったから、社長にとって風当たりが強くなることを嫌ったんだろうね。それに販売本部長というポストだと、社長以上に権力が集中してしまうことを恐れたこともあるんだろうけど。

――それはもちろん鈴木さんの亡くなる前のことだった。

小泉 そう、五、六年前かな。赤字続きの中で、毎年定年退職者が三、四人出るようになってきて、組合との協定で千五百万円ぐらい退職金を払わなければいけない。ただでさえ赤字なのに、必ず毎年五、六千万円を払うことは並大抵のことではないし、それはずっと続いていく。赤字を増やしながら、しかも労働力は減っていく。といって正社員を雇うわけにはいかないから、アルバイトを増やすしかない。そういうことは理屈でわかるけど、ただどのようにやっていけばいいのかがわからない。これは私だけではなく、鈴木書店の課長、部長、役員全員がそうだったと思う。だって全員が現場で本を売ることは得意としてきたが、いわゆる経営のことなどは身に沁みるほどわかっていないわけだから。

―― つまり鈴木さんも含めて、全員が最も苦手とする経営の問題にぶつかってしまっていたと考えていい。

小泉 そういうことです。私の提案はみんなに跳ね返る経営改革でもあったから、小泉のいうことは一方的で無理だし、鈴木さんにも受け入れられないというストーリーで、私がいない時に秘密裡に役員会が開かれて、本部長解任となった。

いくら何でもひどいと思ったので、鈴木さんに私はどうなってもいいけど、いない時にわけもわからずに決めないで、きちんと解任の説明をしてほしいといった。そうしたら鈴木さんも困ってしまい、ずっと黙っていた。

―― 鈴木さんらしからぬ対応のように思えますが。

小泉 だから後で鈴木さんの自宅にもいって、ちゃんと説明してくれなければ、本部長も降りないとまでいったんだけど、結局のところうやむやのままで終わってしまった。

結局のところ、私の出した改革案は鈴木書店では無理だし、通らないということだったんだろうね。といっても、外部から人を入れて改革する方法もとられなかった。

それに組合のこともあって、会社全体の抵抗が強く感じられた。新しいことを提案すると仕事が増え、やりにくいとか嫌だとかいう声がすぐに挙がってしまう。でも何もやらないで放っておけば、ますます窮地に追いやられていくのは白明だから、何としてでも私はやるしかないと思っていた。そうしたら私ひとりが浮いてしまい、小泉はいないほうがいいよという雰囲気になってしまった。

それは私にしてみればショックだったし、つまるところ一年ちょっとで本部長も解任されてしまうことにつながっている。

――もちろん詳細はつかんでいないにしても、そうしたプロセスを我々は外から見ていたわけですが、よくわからないのが鈴木さんと宮川さんの関係だった。そこら辺はどうなんですか。

小泉　先ほどもいいましたが、鈴木さんが会長、宮川さんが社長で、両者が代表権を持つ二頭体制になっていた。ところが宮川さんは経営ビジョンもないし、資金繰りにもタッチしない。組合との団体交渉でも最後は鈴木さんが出てこないとまとまらない。

経理や総務から難しい問題が出されると、宮川さんは必ず鈴木さんに回してしまう。それは会長に聞いてくれと。それでよく鈴木さんは怒っていた。宮川は誰でもできることしかしない。難しい問題ばかりをこちらに振ってくる。また宮川がこんなことを持ちこんできたが、どう思うかと私にいうわけです。

それで私が率直に色々と意見をいうと、鈴木さん自身もそれらの問題にいろいろ通じていないこともあったりして、私の意見の大半を受け入れ、そうだな、そうしようかというな結論に落ち着いていた。

――そういう二頭体制の現実の只中で、鈴木さんが亡くなってしまった。

49　宮川一頭体制への移行と後継者問題

小泉　私もショックだったけど、それ以上に宮川さんもひとり残された格好になったわけだから、進退極まっていた。でも根っから楽天家でもあるから、あまり深刻には考えていなかったのかもしれない。

――それで宮川さんの一頭体制とそれに続く外部からの役員招聘ということになるんですか。

小泉　鈴木さんが亡くなってから、いわゆる宮川体制が発表された。その役員人事は総務と経理が前にいった南里、仕入が土屋利雄、都内販売が高根三男、地方販売が大谷渉となっていて、私も呼ばれてその席にいたのだけど、どこにも名前がない。

それで宮川さんに私はどうすればいいのかと聞いたわけだ。そうしたら、いや君ももう年だから第一線は退いたらどうだといわれたので、ああ、そうか、自分は完全に外されたんだなと思った。私がごねたら、ちょっと前にもらしたことのある組織図に入らない相談役でも振ろうと考えていたんじゃないかな。

――そういう事情だったんですか。その当日小泉さんが外されたらしいという情報はすぐに出版社間に広まりましたから。

小泉　それには伏線があった。その前に宮川さんは岩波書店や東大出版会などに根回しし、小泉には辞めてもらうともらしていた。それがいくつかの出版社を通じて、私の耳にも入ってきた。小泉が鈴木書店を辞めてしまったら、大変なことになるんじゃないかというわけですよ。

でも宮川体制は私がいたのではやりにくいし、意見もちがうし、厳しいこともいうので、本音のところでは辞めてほしいのだなと察してもいた。

――外部からの役員招聘案もそのことに関連して出てきたわけですね。

小泉　それは私の追放を前提にして、色々と展開されていったんだろうね。

色々とあるにしても、鈴木さんが亡くなって以来、私は宮川さんの片腕になって鈴木書店を支えるしかないとずっと考えてきた。でも宮川さんにしてみれば、鈴木さんが存命であればともかく、自分の体制になったら、絶対に私とは一緒にやりたくないと思っていたんだろうね。鈴木さんをはさんで長年の確執もあったから。

――鈴木さんと宮川さんの関係はどういうものなんですか。

小泉　宮川さんは神田小川町に今もある高岡書店の親戚で、その関係から鈴木書店に入ってきた。当時高岡書店は書泉ができるまで神田で有力な書店だった。それで店売から始め、地方販売を経て、組合ができたこともあって総務になった。

その前の総務はあの鳥飼さんが仕切っていた。鳥飼さんは創業以来ずっと鈴木さんとうまくやってきたけど、売上が下がってきたり、組合ができたりすると逃げ腰になってしまい、出てしまった。その後を宮川さんが組合のことも関係して引き継いだことになるわけです。

ただその頃からすでに私のことを気にくわないライバルだと見なしていたんじゃないかな。

――鈴木さんは後継者のことを考えていなかったんですか。

小泉　やはり鈴木さんは自分の終身の会社だと思っているところがあって、後継者のことをあまり真剣に考えていなかった。それでも自分も八十歳を超え、休調を崩し、聖路加病院に出たり入ったりしていたので、出版社の社長たちからは早く後釜を決めておいたほうがいいとよくいわれていたようだ。

色んなところから次の社長は誰かといわれたりしたし、私は順序と立場から考えても、宮川さんがやればいいと答えていた。鈴木さんから次の社長は小泉君だといわれたこともあったけれども、まだちょっと早いのでと辞退していた。でもそのことが宮川さんの耳に入ったとみえて、私の足を引っ張るようなことをされるようになった。

これは鳥飼さんからも聞かされたことがあったけど、宮川は小泉より五歳上だから、一期だけやらせて、後はお前にまかせるとの話もあった。それがどこまで本心だったかはわからないけど。

――それに組合問題も深く絡んでいますから、後継者問題もその他に何人かが挙がっていたと聞いていますので、本当に複雑ですよね。そういう意味では鈴木書店も一般の会社と変わりがなかったということになるんでしょうが。

小泉 まさにそうだね。それと私が辞めてから数年後に鈴木書店にまだいる連中にあったことがある。そうしたら、小泉さん、俺たちは結局のところサラリーマンだったねとしみじみいわれた。今さらそんなことをいわれてもしょうがないけど、それもひとつの真実ではあった。

50　『頓智』創刊をめぐる問題

――それから鈴木さんの葬儀の際に色んな話が出て、筑摩書房とのもめごとが死を早めたということもいわれましたが。それは筑摩が創刊した『頓智』（一九九五年十月号）の扱いをめぐる話として伝わってきた。

小泉　それはこういうことです。筑摩の菊池さんがきて、今度雑誌を創刊するという。そこで相談なんだけど、部数は三万で安い雑誌だから、東、日販を主にしてまこうと思っている。それで私も安い雑誌を少しばかり扱ってもそんなにメリットはないから、いいんじゃないの、うちはかまわないよと返事をした。もちろんいろんなやりとりもしたし、東、日販の意向と筑摩の創刊姿勢も絡んでいることも承知していた。でもどうせそんなに長続きしないとも思ったしね。

それで会社に帰って、そのことを伝えた。筑摩が今度雑誌を創刊するけれど、東、日販を主にしたいとの連絡があったと。それを聞いて鈴木さんが怒って、お前はどう応答したんだというので、「いや、出版社が決めたのであればしょうがない」と返事をしておきましたと報告した。でも鈴木さんの顔を見て、『頓智』の話は保留にして、鈴木さんに相談すべきだった、まずいことをしたと痛感した。

――そんなに怒っていたんですか。

小泉　私なんかはたとえ創刊するといっても安い雑誌だからと考えたわけだが、鈴木さんにとっては筑摩に裏切られたと思ったんだろうね。筑摩とは長い歴史のある関係だし、資金繰りに苦しんでいた時には前払いもして助けてきた。それなのに創刊誌もうちに扱わせないとはどういうことだと。私には直接怒らなかったけど、周囲の出版社にもさんざん筑摩のことを責める口調で話していた。それが葬儀の際に筑摩に関するエピソードとして伝わったんでしょう。

筑摩の『頓智』の例に表れているように、東、日販とのせめぎ合いにも鈴木さんは神経をとがらせていたからね。

――鈴木書店の取引先書店をめぐる攻防ですね。

小泉　それは統一正味と歩戻しのこともあるからかなり奪われ続けてきた。ただ旭屋が東京に出店したので、私がそれを担当し、減った分をカバーした。特に池袋の東武出店の際は鈴木さんと地元の新栄堂や芳林堂との昔からの取次関係で、とても難しかったけれど、小泉一人の責任ということで押し切った。そのくらいしないとマイナスを埋められなくなっていた。

百三十人もの社員のためにも売上減少は許されないから、それに合わせて経営の近代化、土地の問題も含めた建物のリニューアルと見直しなどももっと考えるべきだったと今になって思う。それができなかったのはまだ当時は役員も社員も、まさか鈴木書店がつぶれるとは誰も思っていなかったから、その切実感がなかったことに尽きる。

51　役員、幹部の相次ぐ退社と買収案件

――小泉さんとしてはそこら辺のことはまだまだ語りたいことがたくさんあると思いますが、とりあえず鈴木さんが亡くなり、宮川体制になって、小泉さんは辞める。

小泉　そうです。鈴木さんが亡くなってから三、四ヵ月後だったね。

――小泉さんと相前後して、役員だった人や幹部社員も辞めてしまう。

小泉　誰もいなくなってしまったではないけれど、最後には宮川さんだけが残ってしまうことになるわけです。だから鈴木書店を出版業界の大きな流れの中におき、どのように対応していくかということはほとんどできない状態に追いやられてしまったことになる。

――私も鈴木書店の内部事情の推移について、それほど関心があったわけではないが、小泉さんが辞めた頃から心配になり始め、筑摩書房の田中達治と連絡を取り合って、情報を絶やさないようにしていた。するとそのうちにどうも鈴木書店は月ごとに追いつめられていって、いつどうなるのかわからない感じになってきた。

やばいなあと思っていたら、岩波書店とみすず書房から役員派遣があると聞いて、少しは小康状態になるかという気にもさせられた。でも新体制になっても、しばらくするとまた駄目だという話が流れてきて、それからつるべ落としみたいに倒産に至ってしまった。これが外部から見ていた小泉さんが辞めた後の鈴木書店の実態というか、印象ですね。

小泉　でも私が辞めた後で、如水会館で鈴木書店を励ます会が開かれ、大勢の人が集まってくれていたので、これはよかった、新しい鈴木書店が動き出したなと思った時もあった。確か岩波の坂口顕さんもきていたし。

――それとは別に鈴木書店をどこかが買収するという話はなかったのですか。

小泉　それは色々あって、いくつかの仲介があったはずだ。私の知っているのは非公式ではあるが、日販が吸収するという案が出された。それは大学生協絡みで、生協は鈴木書店がないと困るわけです。それは教科書シーズンなどの短期的需要は鈴木書店との連携によって行ってきたこと、他の取次ではできない適正配本によっている。それで日販の中に鈴木書店を置き、大学生協と地方書店を日販の物流に移すけれど、鈴木書店を経由したかたちにする。つまり物流と集金は日販が担い、それから鈴木書店へと入金がなされるというシステムになるのかな。

でもそれは鈴木書店の商権というか、優良な取引先だけを傘下に収めたい意向で、社員は必要としない提案だった。それは組合が呑めるものではなかったから、最初から無理でしかなかった。

――未來社の西谷能雄さんがトーハンとの話の使者にたった話を書いていましたが、正味切り下げの問題も絡んでいるから、単に大手取次傘下に入っただけで、そのまま鈴木書店を存続させることはとても難しかったでしょうね。

小泉　当時はすでに取引先の書店も生協もそれ自体が厳しくなっていたから、正味を下げろという要請が前面に出てきていた。八重洲ブックセンターやリブロもそうだったし、三省堂もまたしかりだった。

52　三省堂との取引停止と出版社への正味切り下げ要請

――その結果、三省堂からは切られてしまった。

小泉　三省堂が神田村の小取次を切り、日販に全面的に移った時に切られてしまった。その影響として売上が下がったことも大きいけれど、赤字の加速化に拍車をかけた。これは解消できないという感じにもなり、取次のモチベーションの喪失みたいなムード、つまり銀行などに対してもそれなりのこれからのビジョンを提出できなくなったという事態を招いてしまった。だから出版業界の全体の凋落の流れと鈴木書店内部の特殊な事情が交差したことによって、倒産への流れが形成されていった。

――それは社員の人たちの表していた様々な浮かない感じのニュアンスにはっきり投影されていましたね。

小泉　それからこれもいっておいたほうがいいでしょうが、高正味出版社との鈴木書店としての正味切り下げ問題に関する全社的な取り組み、大学生協との取引の経営的判断に対して、厳しい姿勢をとれなかったことも後悔として残っている。

例えば高正味の有斐閣に対して、正味を切り下げてくれなければ、取引を止めると交渉すればよかったのに、そこまでできなかった。生協のことも首都圏と大都市圏の生協はそれなりの売上があり、利益が出ていた。ところが地方の小さい生協は運賃や人件費を考えたら、とても採算が合わない。それらは他のところにまかせるべきだということで、大学生協に交渉にいったら、全部鈴木書店にやってもらわなければ困るといわれ、断わることができなかった。

経営の立場として、有斐閣がなくなったら、生協がなくなったら困ってしまうのではないかとの判断で、結局そのままになってしまった。そこら辺の判断の弱さというものも反省しなければならないところだ。今さらいってもどうにもならないことだとしてもね。

ただ大学生協もトーハンと日販に正味競争をさせ、鈴木書店も新学期の語学のテキストを手始めに巻きこんでしまったのだから、こちらもそのぐらいのことを断行しても罰は当たらなかったはずだ。それにこれには後日譚があって、鈴木より入り正味の低い日販に頼んだら入荷が遅くて間に合わず、現場は混乱してしまい、こちらに頼んできたからね。正味交渉もいいけど、考えてからするようにといってやったほどだ。

53 商店街の消滅と共同体を守るコスト

――なるほどね、要するに正味に目がくらんで取次を変えたけど、蛇蜂取らずみたいなことになったということだ。でも似たような話は三省堂からも聞いたことがある。その正味の安さに象徴される問題をずっと考えていましたので、ここで少し話させて下さい。私は常々いっているように消費社会論や郊外論を専門にしていて、出版状況論はそれらの応用編でもある。先に神田村と郊外の比喩について話しましたが、それをもう少し敷衍させてみます。

小泉さん、最後になって恐縮ですが、話してかまいませんか。

小泉 どうぞ、聞かせて下さいよ。

――私は地方に住んでいるのですけど、八〇年代までは駅前に商店街があり、それらの周辺に食堂、飲屋、喫茶店なども全部揃っていて、どこも長年やっているから味もおいしく、食べたり飲んだりもできた。もちろんその商店街には書店も三店あった。

ところが郊外消費社会の成長と隆盛に伴い、その商店街が壊滅状態になり、今世紀に入って消えてしまった。それは郊外消費社会に加え、巨大な郊外ショッピングセンターが開業したことがさらなる後押しをした。その代わりに高層マンションが二棟建ち、それとパラレルにすべての飲食店も消えてしまった。三軒の書店もなくなってしまった。古い商店で残っているのは肉屋さんだけで、半世紀近くなじんできた町並と店が失われてしまった。それで食事もできなくなり、病気の時などに利用した出前というものも使えなくなった。もちろん郊外にはファミレスを始めとするチェーン店はあるけれど、還暦を迎えた身にはとても味が合わない。それらの飲食店ばかりでなく、他の業種もすべてがチェーン店で、地場の商店はほとんどない。

それであらためて何が起きたのかと考えると、商店街の特徴は店の裏か上に家族が住んでいて、その商店街が商売と生活を兼ねるひとつの長い歴史のある共同体を形成していた。

小泉　売る側でもあるけれど、買う側でもあるという、ちょうど神保町のような。

——そうなんです。それがどうして消えてしまったかというと、商品の豊富さ、駐車場設備とかも挙げられるけれど、価格競争に負けてしまったことが第一の原因です。確かに全国チェーンに比べれば、大量販売ではないから値段が高い。でもとんでもなく高いわけでもない。ところが郊外消費社会というのはまず安さが訴求力となる。ブックオフの成長もそれを証明している。しかしなくなってみてよくわかるが、その値段の若干の高さは共同体を守るコストだったと気がつく。全国チェーンのファミレスのランチより、地場の飲食店の定食が百円高くても、それは地場に根づいた共同体を維持するコストであり、もっと努力して守るべきだったとしみじみ思った。

郊外消費社会の店舗というのは商売だけのもので、生活は含まれていないし、チェーン店の本社はほぼすべてが都市に置かれているので、税金も落ちない。その仕上げが巨大なショッピングセンターで、それこそ全国チェーン店の集積だから、そこに働く地場のパートの人たちの労働費を落とすだけで、地方の消費のすべてを奪ってしまう。固定資産税メリットが郊外ショッピングセンターによってもたらされるといわれているけど、中心地の商店街が壊滅してしまい、そこの固定資産税も失われたことに等しいような状態になってしまえば、何のためのショッピングセンターの誘致だったかもわからない。でもこれは私の住む地方だけでなく、全国至るところで起きたことではないのか。そのことによって、最初はコストが安くなるはずだったものが高いものについたのではないか。

そんなように思うわけで、大げさなことをいってしまえば、鈴木書店もそうした大きな社会の流れの中に巻きこまれたという一因も大いに考えられる。本当に今思っても、鈴木書店が持っていた書籍流通のノウハウとインフラが維持されていれば、このような出版危機状況だからこそ、その力を発揮できるのではないかと。

すいません、インタビュアーなのに長々と勝手なことを申しまして。

54 鈴木書店をつぶしたことの失敗

小泉 いや、ＪＲＣを立ち上げ、よく健闘している後藤君と話すのだけれど、鈴木書店をつぶしてしまったことは本当に悔んでも悔みきれない気がする。つぶしてしまうことは簡単だが、それを再び立ち上げることは容易でないと後で痛感した。

それからＴＲＣ（図書館流通センター）からの図書館ルートの人文書取引のオファーを断ってしまったことも大いなる失敗だったと思っている。今考えればという話ばかりになってしまうが、もしそれを受けていれば、鈴木書店のちがう展開の方向も考えられたし、図れたかもしれない。

―― ひょっとすると、いいか悪いかわからないけれど、ＴＲＣともどもＤＮＰの傘下に入り、丸善やジュンク堂とも取引を続けていたかもしれませんね。

小泉　でもその頃はＴＲＣの売上も大したことはなかったし、鈴木書店にしても人手を割けなかったという現実もあったけどね。当時はＴＲＣもまだ学校図書サービスの時代だったから。

――おそらく我々にしても、出版業界にしても、それぞれの時代の転換期にあって様々な選択を強いられてきたはずで、戦後だけに限っても立ちどころに再販制と消費税の導入のことが思い出されます。そして後者の場合には最初の内税の選択が人失敗だったことは周知の事実です。

それと同様の失敗が鈴木書店をつぶしてしまったことだと思っています。鈴木書店は取引出版社五百社、書店は各大学生協を一店と数えれば、百店はあった。しかも人文、社会科学書の専門取次で、書籍の扱いがほとんどだった。だからこれからの流通システムとしての時限再販の導入にあたって、もし存続していれば取次としての絶好のモデルになったのではないか。人文、社会科学書の出版社と大型書店、大学生協の組み合わせはすでに成立していたのだから、それらをそのまま生かすことができた。そしてこの出版危機下にあって今こそ必要なルートであるように思える。それなのにあえなく命運が尽きてしまったのは残念でなりません。

小泉 私も鈴木書店を辞めてから、今度は出版社に関わることになったから、本当にそれは実感している。

それに鈴木書店には、鈴木さんが筑摩が苦しい時には前払いをして助けたという発言じゃないけど、出版社を金融面で支えてきた事実があるわけですよ。

―― 我々の周りでも手形での先払いなどをかなり後までお願いしていましたものね。

小泉 これは各出版社の金融事情にふれてしまうことになるので、あまり話せなかったけれど、戦後の出版社でそうした鈴木書店の金融支援に世話にならなかったところはないはずだ。そのくらい鈴木書店が余裕のあった頃は各出版社の面倒を見てきた。例えば、大学の教科書、テキスト、辞典などの出版社はどうしても新学期シーズンには資本ショートを起こすので、鈴木書店が前払いするようなかたちで支援してきた。そういった恒例の他にも、個別の支援の例をいったらきりがないほどで、鈴木書店が倒産してからはその役割を果たす取次もなくなってしまった。

―― つまりいざという時に支えになる取次を失ってしまったことになるわけですよね。

小泉　それに尽きると思う。でもその責任の一端は私にもあるわけだから、これ以上は何もいえないが。

――これまで長時間うかがってきましたように、小泉さんにしても我々にしても、鈴木書店に関する様々な記憶とその歴史を語っていきますと、本当にきりがないほどの事柄が思い出されます。そして鈴木書店が倒産して十年が過ぎ、この十年間で日本の出版業界はかつてない出版危機の中に追いやられてしまった。それが鈴木書店の倒産後に顕著になった出版業界の状況ですから、鈴木書店の倒産は象徴的な出来事だったと考えていいでしょう。

小泉　本当にこれも今思えばだが、鈴木書店の倒産は象徴的で、出版業界はこの倒産をきっかけにして、私たちが鈴木書店でできなかったような改革へと向かうべきだったのに、その方向に進まなかった。自分たちの非力もあってこんなことをいうのも厚かましいかもしれないが、鈴木書店の倒産が出版業界の教訓とならなかったことが残念で仕方がない。

――でも小泉さん、せっかくこのような鈴木書店と鈴木真一さんに関するレクイエムも含めた様々な話をうかがう機会を持てたのですから、これを慶賀としたいと思っております。

おそらく戦後の取次の歴史と実像がここまで語られたことは初めてでしょうし、これまで知られていなかった取次のイメージが具体的に浮かび、本の流通の一端を伝えることが多少なりともできたかもしれません。

インタビュアーの拙さから、多くのことを聞きそびれてしまいましたが、本当に久し振りにお会いし、長時間にわたってお話をうかがうことができ、幸いでした。これで終わらせて頂きます。有難うございました。

『うぶごえ—創業時の鈴木書店—』抄録

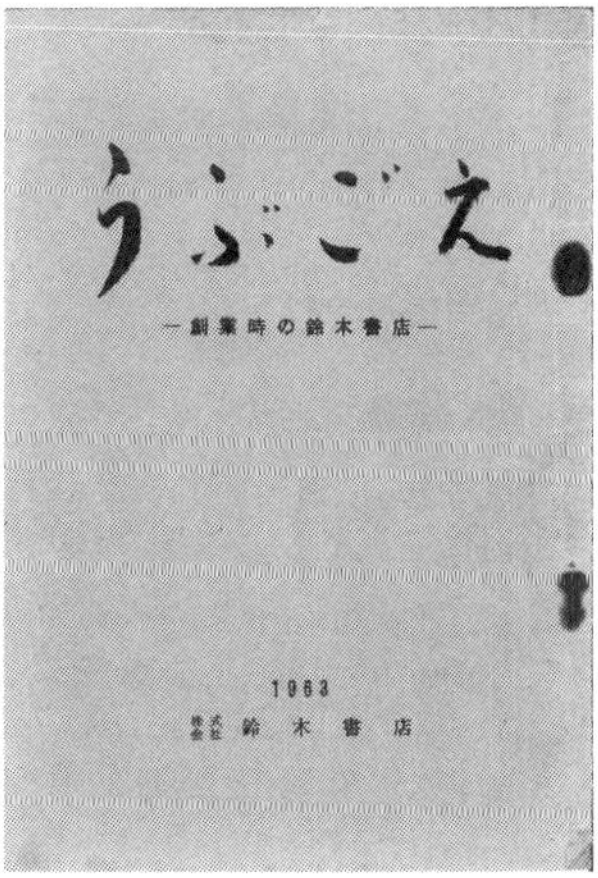

書影に見られるように、『うぶごえ』は一九六三（昭和三十八）年に鈴木書店から出された「創業時の鈴木書店」の記録である。このA5判三十三ページの小冊子は表紙をめくると、次のような一文が記されている。

鈴木書店がどんな時に、いかなる形態で、どのような人々によって生まれたかを知ることは、この店で働く人々にとって無意義ではないと思います。

丁度今から十五年前の昭和二十二年十二月五日………あの荒れはてた焦土に一粒の種が芽生えたのです。雨にも風にも耐えて、その芽は育ちました。

この冊子は、今から十年前に刊行された「あゆみ」第一号からうまれる前後の記録を原文のまま再録したものです。

その店の生いたちを知らずして現在を語ることは出来ません。どうか折にふれ、その頃をしのび、生い立ちの道を思いおこして下さい。

ここに示された文言から、『うぶごえ』が鈴木書店十五周年記念として、内部資料的に編まれたとわかる。
そして先の一文の次ページに「目次」が示されているので、それも引いてみる。

この中で幸いなことに、創業者の鈴木真一が「あゆみ」に寄せているので、その全文を転載する。小泉さんが本書で語っているように、鈴木真一は筆まめだったようだが、著者は残されていないこともあって、この「あゆみ」で初めてその文章にふれることができるからだ。

あゆみ

駿河台上杏雲堂病院正面に、古くから出版社明治書房がある（高村さんの店）。終戦一ヵ年を経て、復員して来た鳥飼正二君が高村さんと丸善出身の縁故で、此処を借り受け小売店を開業していた。お茶の水駅を側に控えて、客と云えば学生ばかりで、品不足の故もあって、七坪の店舗の奥の方には三、四人もすわれる椅子を置き、出版社向に作られた立派な棚の片側と正面入口に机を置いて商品を陳列し、二十年のそれも学生相手の小売店での経験に物をいわせて、石垣邦雄と共に張切っていた。

鈴木書店は此の営業中の明治書房小売部を、昭和二十二年十二月五日突然無法侵入の形で、鈴木書店に看板替えして発足した（発足したとはいうものの此処迄辿りつくには紆余曲折、大方各位の並々ならぬ苦労があった事は、発足迄の感謝と感激を鳥飼君が縷々綴る事と思う)。

三森武男が店頭現売、稲守信雄が起票、香取茂雄、小松和義が都内販売、小川一和が地方係、鳥飼正二が経理、私が石垣と共に仕入担任と、不知不識の内に職場を分担し、当夜「ガリ版」で一部の地方書店十軒位だったと思うが開店御後援の通知を出した。

終戦二ヵ年後の当時は、まだまだ書物の要求は相当なもので、当時、神保町、錦町界隈には同業者が、一進堂、橋本文苑社、博文社、西村書店、日新堂、北隆館、東都書籍（二十六年三省堂出版物専門取次となる）、神田図書、川瀬書店、栗田書店、鍬谷書店、柳沢書店、文鳩社、益文堂、安達図書、三友社、金文社、協同書籍、共栄図書、明文図書、誠光堂、東京図書（二十五年解散）、双文社（二十五年解散）、松沢図書（二十五年解散）、井田書店（二十五年解散）、松文堂（二十五年解散）、中央図書（二十五年解散、鈴木書店発足迄私も此処にいた）、外に雑誌専門の取次が十数社いずれも鎬を削る状態であった。

こうした情勢下ではあったが、需要に満たない新刊書を特別の御好意で店頭に積ませて頂けた事は、当時として、同業者間の羨望の的であった。駿河台の坂を毎日何回となく来て励まして下さる小売店の皆様、これだけの部数内で満足して帰って下さいと祈る割当の毎日が続いた。三森君もつらかった事と思うが、仕入即現金化は全員益々勇気づけ、明け暮れに希望が満ちあふれていた。

渡部様、寺村様、栗本様、高野様、小林様、野口さん、中森君と、それぞれ多忙をさいて度々と尋ねてくれ、励まして下さったことはまことに感銘深く、終業後一同語りあい勇気づけられた。

「お目出とう頑張るんだ」と仙台宝文堂の鈴木さんが来てくれ、弘前の今泉様、久留米の江頭様と時が時だけに感激し、地方係の活動が始まったが、包装紙もなく、毎日の出荷個数とニラミ合せて縄と共に探し求めに飛び歩いた小川君（昭和二十四年退社）の顔が目に浮ぶ。

毎日、出版社の彼方此方（と言っても無節操にでなく）とかけずり廻り、此の十二月中十社内外の出版社の御取引が出来た。版元、取次、小売の正常ルートも乱れがちの二十二年であった。

十二月三十日に年末終業。昭和二十三年正月二日私のところで、ささやかに新年宴会をした時、荒木君、北さんを加え十名になっていた。

七坪の店舗は、如何に商品が少なくとも十名の活動場所でない、正月早々新店舗候補地を神保町、錦町、小川町と仕事の合間をみて鳥飼君と人の噂、新聞広告の売家欄に注意して、売家の値踏などしたが思うにまかせず、周旋屋を尋ねて昭和二十三年一月二十日若林保全合資会社より現在地四十五坪を手に入れる事が出来、翌二十三日資本金十九万五千円の株式会社鈴木書店が登記された。

十八坪の建築許可をとるのに一ヵ月もかかり、その上二家族の住居としての許可書であった。三月五日地鎮祭。白水社よりお世話願った大工さんを急がせて四月三日店舗と予定した十坪に床板が張られ翌四日日曜を幸いにリヤカー一台で五ヵ月御世話になった明治書房より引越したが、我武者羅の我々の振舞の五ヵ月はどんなに御迷惑だったでしょう。後かたづけも終り、その晩鳥飼、三森、稲守と四人で御礼に行ったが感慨無量だった。運んだ量は予想外多く残業整理して一応「カッコウ」だけつけて、板の間でのゴロ寝は相当身に沁みた。

移転は順調に、小売屋さんも駿河台上と同様に来店下され、混雑のさ中に未完残部の部屋（六畳）が完成、都内販売、地方発送ともに活潑となり、三井君、長谷川さん、渡辺さん、新井さんと社員もふえて行った。

やがて家も狭くなり、北側の空地に雨だけ凌ぐ軒だけ出したが二ヵ月位で同年九月二階に十・五坪の建増しをし、七月神田三六五六番の電話が引けた。

九月取引高税実施とともに店売課へ白石君が入社した。

一周年の記念日には岩波書店、中央公論社、白水社、創元社等特別出品して祝って頂いた。

昭和二十四年一月二十九日、株式会社鈴木書店労働組合が結成され、組合長に白石、委員は加藤、小松、長谷川と三名が選ばれた。

二・八と云われる商売の不況月も順調に二十四年七月、在庫を豊富にしてより良きサービスに万全を期したいと、駿台商行二階二十坪を借り受け、寺村様にお話しし、梓会の二十数社と外に五社かの承諾を得、八月五日開店、第二店売とし、此処の陳列品を基本委託と名づけ全商品にスリップを挿入、補充に遺憾なきよう優秀なる社員二名を配置した。

同年九月モヤモヤの形で取残された統制会社日配が九ツの新会社に分裂して発足した。競争は激化される。此の渦巻の中に巻きこまれたら大変だ、と、当時結成されていた東京書籍卸業組合（鈴木書店も神田図書林さんの保証で此の組合の一員であった）の会合席上話題に上った。予想通り業界は活潑?となり、各出版社の発行数の増加は恐ろしい位になって来た。

当社地方課は北海道、東北地方に益々伸長して来たので、挨拶と視察を兼ね、鳥飼君の作製した時計のような時間割に山形高橋書店、郁文堂、八文字屋、歳新堂、仙台丸善支店、高山書店、宝文堂、えんじゅ書房、アイエ書店、弘前今泉本店、青森北谷書店、札幌丸善支店と十日間の始めての旅行をした。

明けて昭和二十五年一月一部の組合員が、鈴木書店を加えての合併計画を持って来た。確に新会社の怒濤の如き重複送品には、その当時小資本は「ツブリレル」ぞという感じを誰も持った事と思う。しかし当社は全員一致して此の計画に不参加を明らかにした。これが原因でもあるまいが、結局此の合併問題は不成立に終った。されど此の二十五年は我々小取次にとって「凶年」とも又「力だめし」とも言える年であった。雑誌専門の小取次十数社、東京図書株式会社始め我々の卸業組合員幾社かは解散の憂き目を見たのである。

前年七月駿台商行二階に開店した第二店売は二階の故か成績芳しからず、階下にもってきたいとは以前からの念願であったが、場所もなく、切歯扼腕していたのである。二十五年三月藤岡さんの御厚意で、地続きの駿台商行裏側バラック建十五坪を分けてもらい、此処に地方課、整理課を移し、新たに母屋の北側と西側に二十坪の建増しをして、第二店売を移した。

新会社の動きは相変らず活潑?で、小取次と新刊正味の違いさえ現れて来たので五月共同仕入機関を十一社で設立此の一社に加わったが、内紛遂に解散した。

八月二十五日共存共栄の主旨のもとに、取次懇話会の誕生を見、鈴木書店も協力一員に加わった。

鳥飼君と担任課長の井口君が東北から北海道へ。同じく担任係長の伊藤と私が中国、山陰、九州。三森君が東北。名古屋、関西から九州へ鳥飼君。北陸へ私と出張の多い年であった。

荒れた昭和二十五年も鈴木書店としては、全員無事故の輝かしい健康に恵まれた良い年であった。

駿台商行一階全部は婦女界社が占領していたが一部屋が空室となったので、昭和二十六年二月仕入課と整理課を此処に移した。

神田五七五六番の電話も柳内さんの御骨折りで引く事が出来、都内販売課専用とした。

昭和二十六年度も平穏無事（業務）と言っても差しつかえない年であるが、九月二十五日、発足以来苦楽を（と云っても楽はあまりなかった）共にして来た稲守信雄君が、卒然と消える如く逝った事は、御両親、御子息様のたとえようのない悲しみと共に、我々一同御冥福を祈っている。

昭和二十七年業界が落着いて来たというのには何んとなく明るい見透しがない。馬車馬で良いと思う。今迄通り脇見をせず、誰がどんなお祭り騒ぎしようと、鈴木書店は鈴木書店として真面目に誠実に可愛がられる取次とならなければいけない。

第二店売も「ホラ穴」の様な家の作りに活用度が薄れ、五月初旬現在の様に、都内販売課と共に改装照明も螢光燈に切換えた。整理整頓が便利となったばかりか三尺棚が五十も増加となって昭和二十三年初めて建てた十八坪の母屋の面影もない。三森君、宮川係長、小泉係長課員五名と共に益々努力してもらいたい。都内販売課もこんなに立派？になった。大坪課長、荒木課長代理、三係長と共に所属課員十一名、不退の態勢確立を望む。

同月より毎月九日を係長会議日と定めた。新しい取次の進む道を、研究に研究を重ねて、可愛がられる取次から、必要である取次にしていきたい。此の九月オート三輪車、オート二輪車を購入し、オート二輪車は都内販売課専属とした。

十月五日地方販売課を二階建本建築に改装し、十月二十三日完成した。井口課長、須藤課長代理以下五名諸君の手腕にまつこと切である。

仕入課も十一月二十日仕入課自体の部屋を与えることが出来た。伊藤課長代理、白石係長と共に所属課員七名、鈴木書店仕入課として間違いなきよう。

九日会メンバー十二月現在
荒木課長代理、須藤課長代理、伊藤課長代理、白石係長、宮川係長、赤尾係長、大野係長、岩本係長、桑原係長
無味乾燥な外観の変化を綴った鈴木書店五ヵ年の記録を終る。

社員以上とも申すべき諸先輩の今迄の御力添えに報ゆる言葉もない。

苦しい店のキリモリに全身全霊を打ちこんだ鳥飼君。

重い体軀を軽やかに働いて来た三森君。

全員一致して、堅い店だと評判となった鈴木書店の全部が私たちの力だ、と過信のないよう、「特殊の存在の店である」という事実をみんな忘れないで欲しい。

ここに鈴木書店が昭和二十二年から二十七年にかけてたどった、まさに戦後の「あゆみ」が創業者の鈴木真一手によってたどられていることになる。これはコメントや解説を付すよりも、本書における小泉さんの証言を補足する記録として読んでもらうほうが、その意にかなっているように思われる。

それは他の寄稿者の一文も同様であるが、これらの筆者についても一言ふれておくべきだろう。

「一、鈴木書店以前」の須藤茂は、鈴木真一の部下として中央図書に勤務していたが、昭和二十五年に鈴木書店へと移っていて、それらの事情についてふれている。

「二、鈴木書店の生まれるまで」の鳥飼正二は、丸善の元社員であったが、鈴木書店の創業に伴い、鈴木真一とともにそのベースを築く。それは本書において小泉さんも証言しているとおりである。

「三、駿河台当時の思い出」の石垣邦雄、鈴木書店創立時メンバー九人のうちの一人で、よろずやのように、仕入も外売も担当したと語っている。

「四、入社当時の思い出」の荒木茂一は、昭和二十三年入社で、社長も含めた本の出し入れ、リヤカーでの仕入、どんな本でも朝入ってきたものは夕方までに売れてしまった鈴木書店店売状況を語っている。なお三二ページに収録した写真に須藤（中央・左より七人目）、石垣（後列・左より五人目）、荒木（中列・左より六人目）も写っていることを付記しておこう。

「六、創立時を憶う」の渡部良吉は、本書で小泉さんがその名前を挙げている鈴木書店を支持した岩波書店の営業部長である。渡部によれば、白水社の寺村五一とともに鈴木真一をバックアップしたとされる。

「七、おもいで」の寺本五一は、白水社の専務取締役で、渡部同様に鈴木、鳥飼が相携えて、鈴木書店を創業したことに対し、エールを送っている。

「八」は創立時、五周年、十周年、十五周年の鈴木書店の土地、建物の坪数、店売、仕入課などの変遷を図入りで示している。土地坪数で見ると、創業時の昭和二十二年には七坪の借家だったが、翌年には土地四十五坪、建物十八坪を確保し、創立五周年には土地八十五坪、建物七十坪となり、それ以後も周辺を取得したりして、土地と建物を含めて、順調に成長していったことがわかる。そして創立十周年には、土地百四十二坪、建物百八十七坪となり、十五周年時の三十七年には、私たちがなじんでいた鈴木書店の店売や仕入課の原型が整えられ始めたと思われる。
「九、人の動き」は文字通り、創業時からの鈴木書店の入退社を含めたリストであり、貴重な資料といえるが、ここでは小泉さんが昭和二十三年八月十六日入社、社員番号が一九であったことを記すにとどめよう。

小田　光雄

あとがき

本書の刊行次第は次のような事情がありますので、インタビュアーの私がそのことに関して記しておきます。

この小泉孝一氏へのインタビュー『鈴木書店の成長と衰退』は二〇一一年十月に行われました。「出版人に聞く」シリーズの中でも、最初の取次にまつわるインタビューであったので、最善を尽くしたほうがよいと考え、中村文孝（元リブロ）、後藤克寛（元鈴木書店）両氏にも同席をお願いし、進められたものです。

それに基づき、私が構成、編集し、ゲラも出て、小泉さんに渡され、これで大体いいのだが、もう一度読み直してみるとの返事を受け、それに合わせ、中村、後藤両氏による確認チェックも完了となり、ここまでは順調に進んでいました。

ところがその直後から、小泉さんとの連絡がとれなくなり、すでに三年近くが経過してしまいました。

実はこのインタビューではふれませんでしたが、小泉さんは鈴木書店を退職後、ある人文書出版社の経営に携わっていました。しかし病気と経営難のために大変な危機の中にあり、そのような中でもあえてインタビューを引き受けられたという事情があります。

そのような小泉さんの事情ゆえに最悪の場合はこのインタビューが遺書として残されたとも考えられます。また最近の取次状況を考察する上でも、このインタビューを未刊のままで放置するのはしのび難く、刊行に及ぶ次第です。

ただ小泉さん自らの修正を施すことはできませんでしたので、関係者のご海容を乞うしかありません。ただ事実関係については確認チェックしていますし、間違いないとの証言も得ております。

小冊子『うぶごえ』（付録）と「五周年記念祝賀会式場（昭和二七年）」（本書、三二頁）の写真は、小泉さんが参考のために収録してほしいとのことで持参されたものです。

鈴木書店についての貴重な歴史的資料として使わせていただきました。こちらも関係者のご海容を願う次第です。

二〇一四年七月十日

小田光雄

鈴木書店の成長と衰退――出版人に聞く 15

2014 年 9 月 25 日　初版第 1 刷印刷
2014 年 9 月 30 日　初版第 1 刷発行

著　者　小泉孝一
発行者　森下紀夫
発行所　論 創 社
東京都千代田区神田神保町 2-23　北井ビル
tel. 03（3264）5254　fax. 03（3264）5232　web. http://www.ronso.co.jp/
振替口座　00160-1-155266
インタビュー・構成／小田光雄　装幀／宗利淳一
印刷・製本／中央精版印刷　組版／フレックスアート
ISBN978-4-8460-1360-8　